AVATAR

IL GIOCO TRIDIMENSIONALE

MANUALE TRASCENDENTALE

NAWAL KAOUJAJ

IL GIOCO DELL'ESISTENZA

Non esiste un inizio,
neppure è stato previsto
un finale, esisti solo tu...
tu sei l'inizio e la fine,
sei il principio attorno al quale
ruota l'intera Creazione del gioco!
Poiché ogni tua verità è la chiave,
ed ogni tuo desiderio è legge.
Tu sei l'essenza vitale incisa nella carne,
tu sei il gioco, ed il giocatore
sei il principio sulla quale tutta l'esistenza,
si predispone, per dispiegare se stessa....
Tu sei AVATAR!

PREFAZIONE

Ho sempre saputo di essere in un mondo multidimensionale!... Si perché riuscivo a vedere oltre all'apparenza il flusso dell'energia vitale compenetrare tutto quello che mi circondava, ed anche se da piccola non potevo esserne totalmente cosciente, comunque sapevo che l'aspetto più fluido dell'esistenza era la parte più importante della mia vita.

Avvertivo spesso un senso di immenso amore espandersi nel mio petto, ed imparai a lasciarmi trasportare con sempre più fiducia in questi stati di contemplazione, perché mi sollevavano in una dimensione senza tempo e spazio, dove tutti i miei sensi riuscivano ad amplificarsi talmente tanto, da superare qualsiasi barriera mentale.

In questa assenza di limiti mi sono convertita nel canale in grado di ricevere l'energia di luce e guarigione, accogliendo così molte rivelazioni che mi hanno cambiato profondamente, e grazie alle quali compresi che la mia presenza in questa dimensione era solo una piccola proiezione, un frammento della mia eterna ed immensa esistenza!

Ricordo di essermi da sempre sentita "diversa", questa sensazione mi spingeva a cercare continuamente il senso della mia vita in questo mondo, volevo capire perché provavo una così tanta dissonanza in confronto alla realtà che mi circondava... era come se mi fossi catapultata dentro ad una dimensione in bianco e nero, mentre io mi sentivo impregnata di mille colori!

Potevo osservare attorno a me come la realtà si fosse bloccata in uno stato di grigiore e pesantezza assoluta, scrutavo continuamente nei minimi dettagli tutto ciò che avevo di fronte, alla ricerca di qualche colore, o qualche indizio che potesse darmi una spiegazione più profonda e sensata a questa realtà; così mi perdevo per ore sospesa in una mia dimensione a riflettere, ero sicura che prima o poi sarei riuscita ad aprire un "portale" dal quale potevo vedere oltre la tridimensionalità, e forse così avrei potuto vedere tutte le altre sfumature colorate, che si celavano dietro alla piatta apparenza superficiale della vita. In effetti così successe... con il tempo riuscì ad oltrepassare quel sottile velo invisibile della superficie materiale, sviluppando sempre di più l'abilità di accedere in ogni momento a quella che sembrava essere, una grande e magnifica estensione della mia esistenza; ero spinta dal mio più profondo sogno (missione) ad unire la dimensione materiale al suo aspetto più leggero ed astrale. In particolar modo desideravo alleggerire la mia vita dal peso che sentivo addosso, per me all'inizio fu molto difficile relazionarmi a questa dimensione, mi sentivo quasi sempre a disagio perché non accettavo di far parte di un mondo così "duro" e "grezzo", mi rifiutavo di radicarmi alla materia, e sfuggivo continuamente nel mondo astrale, volevo solo che qualcuno da qualche altro pianeta venisse a riprendermi! Non capivo che se mi trovavo qui, era perché avevo scelto io stessa di donare i miei colori a questo mondo, e che per migliorare la mia esperienza terrena avrei solo dovuto accettare di onorare questa mia missione. Presto compresi che accettare la mia forma umana era l'unico modo per riuscire anche a riversare nel mio corpo biologico l'aspetto più multidimensionale della vita.. ed era proprio ciò che mi serviva per "colorare il mio mondo!

Così quando iniziai a collegare questa mia parte astrale alla realtà materiale, rebbi l'occasione di mettere insieme tutti quei frammenti mancanti che mi servivano per rispondere alle mie domande esistenziali più importanti; e tutte le risposte che ricevetti mi aiutarono a formare una mappa, dove un poco alla volta si mostrava in modo sempre più chiaro il senso più ancestrale della mia vita.

Mettendo insieme tutti i pezzi mi resi conto di essere immersa dentro ad un grande e pazzesco videogioco tridimensionale! Ne fui ancora più certa quando un giorno, ebbi una visione a riguardo, dove mi fu mostrato che l'essere umano tende sempre in qualche modo a riprodurre nella sua realtà (spinto dal subconscio) gli stessi meccanismi a cui egli stesso è soggetto, in modo che gli possano servire come esempio per migliorare e comprendere il suo interno.

In questo caso vidi chiaramente che i videogiochi erano una specie di piccola e grezza riproduzione della nostra vita in questa dimensione, vista da una prospettiva multidimensionale se fossimo in uno stato di coscienza amplificata; inconsciamente l'essere umano è stato spinto dal Sé Superiore a costruire (inventare) il MONDO VIRTUALE come se fosse un libretto di istruzioni, per aiutarlo ad integrare tutte le comprensioni e gli strumenti interiori che gli servono a giocare meglio e trascendere il MONDO TRIDIMENSIONALE.

Io personalmente quando accettai questa verità del gioco, iniziai anche a pormi molte domande, e mi chiesi: "ma dunque se sto giocando dentro ad un gioco, vuol dire che io in realtà non sono qui, sono fuori dal gioco.. allora dove mi trovo e chi sono?.. E perché sto partecipando a questo gioco... ma soprattutto cosa devo fare per completarlo..?!"

Ed il fatto stesso di essermi posta queste domande, mi permise di connettermi con l'altra me stessa (quella fuori dal gioco), e di ricevere quindi anche le risposte.. che alla fine erano molto più semplici di quello che potevo immaginare, ma allo stesso tempo anche... sorprendenti!

Le risposte che ricevetti sono state: "come in qualsiasi altro gioco lo scopo è quello di DIVERTIRSI e godersi l'esperienza! Il vero giocatore (la tua vera esistenza) si trova sia dentro che fuori dal gioco, e cerca di interagire con te utilizzando i punti di connessione disponibili, come l'intuizione e tutti i mezzi di comunicazione o rappresentazione materiali, sincronie spazio-temporali, sogni, premonizioni, sensitività, ecc.. ma solo in base a quanto riuscirai a connetterti per accogliere il supporto, potrai anche ricevere gli strumenti che ti servono a superare più o meno facilmente il livello nel quale stai giocando."

Queste risposte mi fecero comprendere quindi l'importanza di restare sempre connessa a quella parte di me (fuori dal gioco) se volevo ricevere tutto quello che mi serviva per facilitarmi la vita; devo dire che prendere coscienza di essere un AVATAR dentro ad un gioco, cambiò totalmente la forma in cui vedevo il mondo esterno, perché mi permise distaccarmi dal ruolo rigido che avevo costruito dentro di me, facendomi sentire come sollevata dal peso della realtà materiale, iniziai persino a vivermi con più leggerezza anche le situazioni più difficili!

Ora posso affermare che questa conoscenza cambiò totalmente la mia vita, per questo motivo ho deciso di condividere le informazioni che più hanno agevolato il mio percorso personale nel gioco; ho scritto questo libro perché vorrei mostrarti come alcune verità importanti potrebbero cambiare completamente anche la tua esperienza, e semplificarti la vita. Una di queste verità importanti è che tu sei il giocatore, ed allo stesso tempo il gioco stesso!.. Dunque tu hai tutto ciò che serve al tuo interno per creare ciò che desideri sperimentare nel tuo livello tridimensionale, e diventare un AVATAR CONSAPEVOLE!

CAPITOLO 1
SIGNIFICATO DI TRASCENDERE

1-1 IL PROCESSO DI MATURAZIONE

Ricordo un tempo, quando ancora non capivo cosa significasse trascendere qualcosa, avevo quest'idea che fosse difficile, che forse avrei dovuto fare molte meditazioni e ricerche per trovare un metodo in qualche vecchio libro, ma come al solito stavo utilizzando la mente per complicarmi l'esistenza ancora un'altra volta, quando in realtà la risposta era molto più semplice e naturale di quello che immaginavo!

Con il tempo capì che trascendere qualcosa, significava semplicemente viversi appieno quell'aspetto della propria vita per maturare interiormente, perché se non ti permetti di viverlo, non lo puoi trasformare... era semplice.

Integrare questa verità mi fece capire che dovevo imparare a vivermi appieno ogni parte di me stessa, e per farlo dovevo collegarmi con il mio aspetto più autentico, quindi dovevo ritornare a riprendermi tutto ciò che non avevo saputo accogliere a suo tempo, e chiudere i processi che avevo lasciato in sospeso con me stessa!

E così iniziai dalla la mia infanzia, perché sapevo che solo dal mio aspetto più infantile avrei potuto ricostruire una vita più autentica ed in risonanza con il mio vero Essere; avrei dovuto fare il passo finale verso me stessa ed accettare di riprendermi la mia parte più immatura, perché in quel modo potevo continuare a crescere oltre la paura ed il giudizio, in quello stato io ritornai a sentirmi libera di percepire la perfezione in ogni cosa che mi circondava.

In questa società, non tutti abbiamo avuto l'occasione di vivere per molto tempo questo tipo di spontaneità, a volte neppure quando eravamo bambini, forse solo nei primissimi anni in cui siamo stati molto piccoli, potevamo soffrire e gioire in modo libero e senza vergogna; ma questa libertà per alcuni è durata fino a quando qualcuno (genitori, famigliari o conoscenti) non ha iniziato a limitarla!

In questo caso per comprendere cosa significhi trascendere un aspetto della vita, bisogna anche capire come dovrebbe avvenire la maturazione di un essere nel mondo che lo circonda; per questo scopo creiamo l'ipotesi di un mondo dove un bambino ha la possibilità di viversi la sua infanzia per tutto il tempo necessario, ed essere libero così di esprimere tutte le sue emozioni, compresa la tristezza, la rabbia e tutte le sensazioni più che emergono dal suo interno; in questo mondo un essere potrà esprimere la sua immaturità liberamente, e così quando arriverà il giorno di diventare un adulto, accadrà in modo spontaneo e naturale, seguendo le sue tempistiche interiori; in modo questo il bambino potrà trascendere veramente il suo stato infantile, per passare ad uno stato adulto e quindi più evoluto.

Perché quando un bambino ha l'occasione di crescere senza costrizioni, ad un certo punto inizierà spontaneamente a percepire il desiderio di cercare altro, di sperimentare nuove forme di "gioco", sarà quella sensazione ad indicare il completamento della sua prima maturazione; nel momento in cui si sentirà saturo di quella condizione, avvertirà il desiderio di trascendere quell'aspetto della sua vita, e si spingerà oltre lo spazio fino a quel momento conosciuto, per esplorare l'orizzonte.

Ecco quando un essere si permette in questo modo di viversi un aspetto della sua esperienza, può anche trascenderlo in forma naturale, e nel momento in cui si sente saturo di quell'aspetto della sua esistenza, significa che ha acquisito gli strumenti necessari per fare i passi verso il prossimo livello; così il sistema del gioco lo spingerà verso altre tipo di esperienze, e potrà dunque continuare il suo percorso senza lasciare nulla in sospeso o incompiuto, gli basterà desiderare di andare oltre per ricevere le indicazioni che lo guideranno ad esplorare una diversa, e più matura variante della sua esistenza.

Al contrario invece, come spesso è accaduto fino ad ora, se la maturazione viene forzata o costretta a livello mentale, il suo meccanismo di maturazione interiore si bloccherà, e la crescita sarà solo un'illusione, un'apparente e forzata condizione esteriore; per questo motivo quando una persona viene indotta a maturare in fretta, può sembrare adulta solo fisicamente, senza però esserlo dentro, perché non ha avuto la possibilità di seguire il suo naturale processo di crescita interiore e quindi si blocca in uno stato "incompleto", fino a quando ovviamente non riuscirà a completarlo. L'umanità non ha saputo dare abbastanza importanza a questo passaggio di crescita così importante e necessario per trascendere tutti gli aspetti del primo livello di sopravvivenza nel gioco, per questo motivo molte persone ora non riescono ad affrontare la propria esistenza, e si sentono confuse, depresse, incomplete, proprio perché non sono riusciti a completare le più importanti fasi della loro infanzia.

Qualsiasi aspetto tu voglia trascendere per manifestare qualcosa di migliore quindi, potrai farlo solo se accetterai di viverti appieno quello che stai cercando di superare, devi essere disposto a viverti l'esperienza immatura di qualsiasi tua versione con più amore!

1-2 TRASCENDERE UNA SITUAZIONE DI DOLORE

Trasmutare quindi un qualsiasi aspetto di difficoltà che si crea dentro al gioco, significa farne prima completamente esperienza per convertirlo in uno strumento da utilizzare nel tuo cammino; quando vorrai dunque superare un blocco e trascendere una situazione di dolore, il primo passo da fare sarà quello di accettare la sofferenza che ti crea come parte integrante della sua risoluzione. Perché nel momento in cui saprai viverti una situazione di tensione senza opporre resistenza, potrai abbassare anche la tensione che ti crea e riuscire così a collegarti meglio al tuo potenziale interno, per affrontarla meglio; in questo caso la tua accettazione serve a lasciar fluire l'energia necessaria per manifestare la risoluzione della difficoltà in breve tempo. Se rimani in una condizione di apertura e ti connetti al tuo centro infatti, avrai sempre il supporto che ti serve, ti saranno rivelati i passi che dovrai fare per fluire verso una miglior versione di qualsiasi situazione.

Per aiutarti in questo processo di seguito elenco 5 accorgimenti importanti, che mi hanno permesso di trascendere alcune situazioni di sofferenza.

1-ACCETTARE CONSAPEVOLMENTE

Il dolore si crea nel momento stesso in cui non accetti di accogliere una situazione, o quando la giudichi, entrando così in uno stato di difesa che aumenta la tensione del tuo sistema e crea energia negativa; il più delle volte ti rifiuti di rispondere con amore per paura della sofferenza, così ti lasci trasportare dal pregiudizio distaccandoti non solo da te stesso, ma anche dal resto del mondo.

La situazione che tu percepisci come "un problema", in realtà rappresenta sempre la chiave che ti serve ad aprire una porta (potenziale) all'interno di te stesso; sarebbe quindi più costruttivo per te accettare qualsiasi cosa si presenti nel tuo percorso senza più giudicarla, dovrai dare al dolore il tempo di mostrarti il suo messaggio, ed imparare ad utilizzarlo come strumento di crescita.

Solo se scegli di restare con il tuo dolore e di immergerti in quello che all'apparenza ti procura difficoltà, avrai la possibilità di trasmutarlo nella sua parte più positiva.

2-COMPRENDERE IL MESSAGGIO

Nel momento in cui riesci ad accettare la tua sofferenza, potrai anche cercare di andare oltre per comprendere le rivelazioni ed i messaggi che ha da darti; in questo modo scoprirai la verità nascosta dietro alla superficiale illusione, e potrai recuperare quel frammento di te stesso che ti serve a risolvere il blocco in modo definitivo.

Qualsiasi situazione di difficoltà contiene sempre un

messaggio importante per te, per superarla velocemente dovrai scoprirlo accogliendo ed analizzando in modo più costruttivo l'esperienza, così da trasformarla in un'opportunità per risvegliare il tuo potere; ogni dolore porta con se anche il potenziale in grado di amplificare la tua conoscenza, e darti una visione ancora più chiara del tuo cammino esistenziale.

3-INDIVIDUARE L'ORIGINE
DELLO SCOMPENSO
Quando avrai individuato il messaggio che si nasconde dietro ad una sofferenza, potrai decifrarlo solo se resti sincero con te stesso quando cerchi di risalire alla fonte che lo ha generato. Dovrai quindi riconoscere l'origine del tuo dolore per riuscire a rilasciare l'energia di tensione che ha causato il blocco; attraverso il perdono e la compassione potrai modificare la vecchia credenza che ha causato quella difficoltà, con una più aggiornata, e ripulire così il tuo canale emotivo in modo da permettere all'energia vitale di fluire liberamente.

4-COMPENSARE IL DOLORE CON L'AMORE
Individuare l'origine del tuo scompenso emotivo, ti porta soprattutto a confrontarti con le verità più profonde di te stesso, ed in quel confronto sarai chiamato ad illuminare con puro amore incondizionato qualche tua profonda verità; per quanto ti potrà sembrare dolorosa o negativa dovrai sapere che solo attraverso il tuo amore potrai trasformarla nella versione positiva.
Nel cammino per l'illuminazione, ogni verità prima di essere vista, è oscurata dalla percezione limitata nella mancanza di amore, quindi in questo caso se vuoi far luce sulla tua incomprensione, dovrai disattivare il pregiudizio mentale e permetterti di provare più amore incondizionato verso tutti i tuoi aspetti sia interni che esterni.

5-FLUIRE CON GLI EVENTI

Quando riuscirai a perdonare ed amare ogni parte di te stesso riflessa all'esterno, potrai raggiungere la libertà di esprimerti secondo la tua verità; in questo stato di consapevolezza dovrai dunque fare un'ulteriore passo per abbandonare totalmente il bisogno di controllo, ed affidarti con maggior sicurezza al progetto della tua Anima.

Se decidi di fluire con maggior fiducia tra gli eventi quotidiani della tua vita, permetti la manifestazione di una miglior versione di quella stessa realtà e senza doverti sforzare; la fase finale della risoluzione di una situazione di difficoltà è quindi sentirsi in pace e nel posto giusto malgrado l'apparente difficoltà, in questo caso si chiude il ciclo karmico di quella specifica sofferenza, e si smette di attrarre situazioni simili.

CAPITOLO2
IL GIOCO
TRIDIMENSIONALE

2-1 IL SENSO DEL GIOCO TRIDIMENSIONALE

Ogni sfaccettatura della mia esistenza che riuscivo ad integrare, mi rendeva sempre più chiara la struttura intrinseca di questo gioco tridimensionale, più rivelazioni scoprivo e più potevo vedere con maggior chiarezza come la realtà si dispiegasse nel mio cammino, mi metteva appositamente sempre nella condizione di sviluppare i miei potenziali facendomi "scivolare" verso i livelli successivi; e fu allora che realizzai che il vero scopo del gioco era quello di spingermi a fare esperienza di tutto ciò che non volevo accogliere dentro alla mia coscienza umana, per aiutarmi ad integrarla. Compresi che se volevo superare meglio i livelli nei quali mi bloccavo quindi, avrei dovuto iniziare a collaborare maggiormente con il gioco, diventando più disposta a conoscerne la struttura ed i principi importanti della vita... insomma avrei dovuto imparare a giocare!

Fu proprio questa presa di coscienza che in seguito mi semplificò a trascendere tutte le situazioni di sofferenza in cui ero intrappolata, soprattutto perché il sentirmi sostenuta dal gioco stesso, ridimensionava la percezione che avevo avuto fino a quel momento della mia realtà; per prima cosa iniziai a non dare più così tanto peso alle situazioni di difficoltà, perché ormai sapevo che non dovevo risolverle da sola, ed in questo modo riuscivo anche a superarle più in fretta.

Questa sensazione mi faceva sentire così potente! Anche perché notavo che meno importanza davo alle situazioni pesanti, più si risolvevano da sole, era fantastico vedere che più mi divertivo e restavo spensierata, e meno potere aveva la sofferenza sulla mia vita; la mia stessa energia di amore e leggerezza riusciva a dissolverne gli effetti collaterali, e la convertiva gradualmente in qualcosa di positivo, sempre e comunque. Fu così che compresi che mantenermi sempre nella visione dell'abbondanza, era una delle regole più importanti per velocizzare e facilitare la mia evoluzione nel gioco, dovevo saper gioire semplicemente focalizzandomi di più sulle cose che avevo in quel momento, e dare meno importanza a quello che credevo mi potesse mancare; e solo con questo semplice comportamento sono riuscita a creare le migliori opportunità della mia vita.

Non avrei dovuto più sforzarmi o pensare di farcela da sola, anzi tante volte io non facevo proprio niente se non prendermi cura di me stessa, perché sapevo che il mondo ci avrebbe pensato per me, io dovevo solo comprendere come mi sentivo in confronto alla situazione e risolvere con me stessa quell'emozione negativa, il resto si risolveva come una conseguenza.

Ecco come funziona il meccanismo del gioco, se risolvi dentro di te la sensazione negativa che provi in confronto ad una persona o situazione, la risolvi anche nella realtà tridimensionale.. Fine!

Questa verità per me era talmente tanto semplice che la mia mente all'inizio non ci credeva ovviamente; ho avuto bisogno di tempo per integrarla, perché non ero abituata a semplificarmi l'esistenza, a concepire le mie sensazioni interiori come la gioia ed divertimento come uno strumento utile ed indispensabile per la creazione pratica del mio futuro! Mentre invece era proprio tutto quello che davvero mi serviva per migliorare molti aspetti, anche pratici, della mia vita quotidiana; così imparai a mantenere la connessione per espandere sempre di più la mia sensazione di pienezza, e creare gioia per me stessa, perché questa era la frequenza che mi serviva per convertire ogni esperienza negativa, nella sua miglior versione. Questo gioco è stato progettato appositamente per farti espandere durante il tuo cammino, per permetterti di esplorare le infinite possibilità della Creazione, e quando sei felice e ti diverti, quando stai in pace durante le tue attività quotidiane stai creando un miglior futuro! Ma se non lo stai ancora concependo in questo modo, significa che stai opponendo resistenza, che stai dando troppo peso a qualche aspetto della tua esistenza, o che ti sei incastrato in costrizioni mentali mettendoti nella posizione di sperimentare ogni situazione nella sua versione più pesante e negativa; in questo caso ti sarà utile ricordare che in verità tu non sei definito solo dentro al gioco, ed il tuo corpo biologico ti rappresenta, ma non ti definisce, la tua presenza si estende anche oltre a questo campo materiale, questo dovrebbe farti capire che non hai solo un'opportunità per sperimentare ciò che desideri, ma infinite altre possibilità per farlo, perché sei eterno, sei potente e non hai solo questa vita da vivere!

Avrai altre occasioni per giocare e sperimentare la tua esistenza in molte altre forme e dimensioni, questa consapevolezza dovrebbe essere sufficiente per alleggerirti dalla solennità e dal peso esistenziale; credere che stai giocando in uno dei tanti giochi a tua disposizione, ti renderà più piacevole questa esperienza, l'unica cosa che dovrai fare, è conoscere meglio il tuo personale livello di gioco per riuscire a liberarti dagli ostacoli, e convertirti in un GIOCATORE CONSAPEVOLE!

2-2 LA PERCEZIONE DELLA REALTÀ

L'essere umano riesce a concepire il significato della realtà in cui vive, solo in base alle capacità degli strumenti che utilizza per decifrarne il senso. Nel caso della percezione visiva, quando l'osservatore guarda il mondo esterno, i suoi occhi raccolgono informazioni sotto forma di frequenze, che in seguito vengono decifrate dalla mente e trasformate in colori e forme tridimensionali; ma ciò che egli vede in realtà è sempre il riflesso della sua stessa vibrazione interiore, cioè la sua energia condensata in materia.

Devi sapere che anche se sono infinite le forme in cui si potrebbe manifestare l'energia, senza una coscienza che la possa focalizzare, o modellare in base anche al suo stato di consapevolezza, rimarrebbe solo pura energia informe; in base a questa conoscenza dunque si potrebbe dire che la realtà tridimensionale è un ologramma proiettato dalla tua stessa coscienza, una delle tante forme in cui potresti riversare la tua essenza, e per quanto la materializzazione di tale energia possa sembrare definita, non si può dichiarare assoluta, poiché originata da una fonte energetica e fluida, quindi in costante movimento. Per questo motivo qualunque manifestazione in apparenza definita, se cambiato l'osservatore (la coscienza che ne fa esperienza) cambia anche la sua forma di manifestazione; in questo caso possiamo dedurre anche che tra chi osserva (manifesta) e chi viene osservato (manifestato) non esiste una vera differenza, dunque la realtà nella quale ora sei immerso è una tua estensione, un riflesso di te stesso attraverso le diverse sfumature colorate di luce ed ombra. Così possiamo dire che siamo immersi in questa dimensione per sperimentare le varie sfumature di noi stessi nella loro versione più materiale, attraverso i colori, le sfumature, i suoni ed i sapori per riuscire a goderci le nostre più piccole sfaccettature. Vorrei spiegarti nel prossimo capitolo in base alla mia esperienza, perché abbiamo scelto di giocare in questo modo, ma soprattutto quale significato profondo si cela dietro alla nostra esistenza.

2-3 IL SENSO DELLA NOSTRA VITA UMANA

Se stai leggendo queste parole, significa che sei in questo mondo perché hai scelto di partecipare al gioco della vita per tua stessa volontà, hai voluto fare esperienza della versione umana per dare il tuo contributo al progetto di evoluzione terrestre che possiamo chiamare "LA SINTESI

DELLE RAZZE STELLARI"!

Questo progetto esistenziale coinvolge entità ed esseri di molte parti dell'universo, con l'intento di fondere il seme di varie razze e trasmettere le qualità stellari appartenenti a molti esseri in un unico corpo: L'ESSERE UMANO... e su un unico pianeta: LA TERRA!

Quindi in realtà tu sei un meticcio stellare, perché nelle tue cellule sono custodite una moltitudine di coscienze ed aspetti che oltrepassano il confine biologico, e che non possiamo definire come un'unità; anche se ti senti focalizzato dentro ad un unico corpo, non significa che sei solo una persona o che finisci dentro di esso, non sei mai stato "confinato" solo nel suo perimetro, questa è un'illusione che si genera quando non sai da dove provieni e credi di essere un singolo individuo separato dal resto della Creazione.

Ma se ti connetti al tuo interno potrai raggiungere la consapevolezza che ti serve per interagire con il resto del tuo essere, e conoscere meglio te stesso, comprenderai così che non sei "finito" da nessuna parte; dentro al centro del tuo petto potrai trovare il punto per collegarti anche alla tua base stellare, e ricevere sia le istruzioni che il supporto necessario per imparare ad utilizzare meglio gli strumenti multidimensionali che hai ereditato.

2-4 IL SIGNIFICATO DELLA SOFFERENZA

L'esperienza in questa dimensione è guidata da un programma impresso nella tua coscienza, che ti induce ad avanzare nel tuo progetto esistenziale grazie a degli impulsi, questi input tu gli percepisci come una sensazione di desiderio (quando desideri fare o avere qualcosa), e proprio questo tuo desiderio se non viene accolto per essere espresso, con il tempo si trasforma in dolore e sofferenza!

Se non riesci a darti abbastanza tempo ed attenzioni per

accogliere ogni tua richiesta interiore, resti intrappolato in cicli karmici o in realtà che si ripetono all'infinito, perché quando non provi amore per te stesso, non puoi emanare nuova energia, e quindi non si crea per te il cammino di una nuova realtà.

In base a questa conoscenza ora dovresti comprendere che sarebbe opportuno fermarti a cercare quale desiderio è rimasto incompiuto dentro di te, perché potrebbe essere proprio quello ad intralciare il tuo cammino e bloccarti interiormente; devi prenderti il tempo necessario per ascoltarti e dare maggior importanza alle tue piccole insoddisfazioni quotidiane, in modo da prendere provvedimenti per cambiare gli aspetti disfunzionali della tua vita, e chiudere i processi rimasti in sospeso.

Quando riesci ad ascoltare ogni tuo desiderio e ti metti a disposizione per soddisfare le tue esigenze più profonde, puoi anche trascendere meglio una situazione di difficoltà, poiché il tuo atto d'amore verso te stesso sprigiona una terza energia in grado di manifestare un nuovo e miglior percorso.

La sensazione di sofferenza quindi è un richiamo del sistema, una spia che ti avvisa di rivedere una questione sospesa al tuo interno, e di fare una scelta più equilibrata (consapevole) in confronto, questa scelta sarà fondamentale per chiudere il "passato" e creare un nuovo percorso, in modo da proseguire la tua esperienza dentro al gioco.

Più il dolore è forte più significa che il messaggio è urgente, quindi determinante per la tua vita, in principio il tuo sistema ti avvisa nella forma più dolce possibile, attraverso la sensazione del desidero, e solo se viene rifiutata o rinnegata per colpa di un filtro mentale ristretto, quello stesso dolce desiderio, si converte nella tua più grande sofferenza! Perché anche se non lo accetti, non scomparirà, invece continuerà ad esistere sepolto dentro al tuo subconscio, e diventerà sempre più forte, manifestando situazioni in cui ti obbligherà a rivederlo, per dargli la giusta importanza, ad utilizzarlo per creare la nuova PORTA.

L'esperienza del dolore si crea nel momento in cui opponi resistenza a collaborare con la tua evoluzione nel sistema, quando ti rifiuti di ricevere istruzioni necessarie alla tua sopravvivenza rinnegando i tuoi naturali impulsi, quando ti opponi al cambiamento e nascondi le tue verità, questo atteggiamento di rifiuto ti blocca nello stesso percorso, rallentando di conseguenza anche l'evoluzione dell'intero gioco.

Si perché quando tu evolvi, si evolve l'intera Creazione con te, e quando apri una nuova possibilità nel tuo cammino, la rendi disponibile anche per tutti coloro (tutti gli esseri viventi) che sono nel tuo stesso livello di gioco, facilitando a loro il percorso.

Ma evolvere attraverso la sofferenza non è l'unico modo, questo tipo di esperienza è necessaria solo fino a quando non raggiungi un certo livello di consapevolezza, e comprendi che devi collaborare con il tuo sistema; ed una volta raggiunto questo equilibrio, potrai proseguire con più armonia nel flusso della Creazione, transitare facilmente su altri piani esistenziali, senza il bisogno del dolore.

2-5 LA MANIFESTAZIONE NELLA MATRIX 3D

La vita che sperimenti in questa dimensione si suddivide in due livelli, quello astrale e quello materiale, questi due aspetti sono contraddistinti solo da una differente frequenza vibratoria che ne determina la densità, ma sono parte della stessa realtà di gioco; il dispiegamento della matrix materiale è una conseguenza manifesta del suo stato più energetico nel mondo astrale.

La realtà tridimensionale prima di manifestarsi, deve essere progettata (plasmata) nel suo aspetto più fluido (energetico), per in seguito prendere una forma specifica ed entrare a far parte del gioco; nel livello astrale esistono tutti gli strumenti e le opportunità necessarie all'evoluzione del tuo percorso, ma si materializzano solo all'occorrenza, ed in base al destino che sceglierai di seguire (proprio come un videogioco); nel sistema del tuo gioco sono state già programmate in modalità predefinita, tutte le probabili scelte che potresti mai fare nella tua vita (come tante varianti sospese), ma ogni possibilità rimane bloccata in forma di seme, fino a quando non sceglierai di sperimentarla e nutrirla attraverso l'energia della tue emozioni, solo in questo modo potrebbe prendere abbastanza forza per mettere radici e manifestarsi nella sua forma materiale.

Devi sapere che ogni tua probabile scelta contiene in sé tutto il necessario per la sua materializzazione, ma le tue "scelte interiori" si manifestano solo nel momento in cui diventano stabili al tuo interno, e ricevono sufficiente energia per convertirsi da astrale a materiale; in questo caso questa conversione avviene attraverso la tua FOCALIZZAZIONE EMOTIVA, perché più nutrirai il tuo "seme" con energia di amore, più prenderà velocemente corpo e sostanza.

Dunque tutto quello che esiste nel mondo materiale, è stato prima inventato (immaginato) nel mondo astrale, questo ti dovrebbe far comprendere che non esiste una regola ben precisa di come dovrebbe apparire questa realtà, poiché è una pura invenzione della coscienza di altre persone e della tua, e se tu volessi potresti iniziare a manifestare qualsiasi altro tipo di realtà o diversa situazione anche da ora; ma ricordati che solo se saprai dargli il giusto nutrimento dentro al tuo mondo astrale, allora gli permetterai di riversarsi nella materia.

Se inizi a capire come usare questo tuo potere e da quale punto puoi farlo, allora potrai creare in forma molto più consapevole e veloce ogni tuo desiderio; per facilitarti meglio la manifestazione di seguito riporto alcune indicazioni dettagliate e basate sulla ma esperienza.

2-6 ACCORGIMENTI PER FACILITARTI IL GIOCO

Questi importanti accorgimenti mi hanno aiutato a semplificare di molto il mio percorso, se anche tu saprai applicarli nella pratica della tua vita quotidiana, potrai gradualmente risolvere molte situazioni di difficoltà e manifestare nuove finestre di opportunità nel livello di gioco in cui ti trovi.

1-DIVENTA COMPLETAMENTE SINCERO

La tua realtà si può evolvere in forma più costruttiva solo se basata su un'informazione reale, quindi solo se tu sei sincero e rimani il più possibile fedele alla tua verità interiore potrai attrarre nel tuo cammino le situazioni che risuonano con la tua vera natura, e quindi manifestare il tuo vero destino.

Essere sincero significa restare fedele alle tue sensazioni, diventare cosciente delle tue reali esigenze ascoltandoti senza paura; per arrivare a questo livello dovrai permetterti di esprimere ogni tua emozione in modo autentico, perché se occulti o nascondi qualche aspetto di te, di conseguenza si crea una "falsa realtà esteriore", poiché basata su una "falsa espressione interiore" del tuo mondo. Dunque prima di pretendere sincerità dagli altri, la prima relazione sincera che dovrai instaurare è quella con te stesso, perché ti aiuterà a stabilire il collegamento verso il tuo centro ed entrare nel tuo pieno potere personale, partendo da una prospettiva di sincerità avrai modo di manifestare un percorso che si adatti proprio a te, poiché verrà modellato sulle tua verità quindi sarà fatto su misura per soddisfare ogni tua esigenza.

A volte non è semplice capire le proprie verità interiori perché la paura ti costringe inconsciamente ad indossare una maschera, per interpretare un ruolo di convenienza, quindi se vuoi scoprire chi sei oltre quella maschera, dovrai individuare da quale verità stai cercando di scappare e riuscire ad accettarla; dovrai osservare meglio i tuoi comportamenti in qualsiasi situazione, ed ogni volta che ti accorgi di fare uno sforzo, significherà che stai interpretando un ruolo che non ti appartiene, così la risposta si troverà dietro al motivo che ti spinge ad avere quel comportamento.

2-AGISCI IN COMPLETA TRASPARENZA

Agire nella trasparenza significa non occultare mai in nessun modo le tue reali intenzioni, in quanto non hai bisogno di nascondere i tuoi veri desideri per paura di essere giudicato o rifiutato, ma piuttosto imparare ad ammettere a te stesso ciò che desideri e condividerlo con maggior fiducia assieme agli altri.

È importante che tu sappia anche chiedere in completa trasparenza il sostegno che ti serve al mondo per realizzare qualsiasi obbiettivo, e se ti venisse rifiutato il supporto da una specifica persona o fonte, non ti devi mai preoccupare perché in questo caso la tua vita si riorganizzerà sempre per fartelo ottenere in altra forma; l'importante è che tu non ti faccia scoraggiare dall'apparente rifiuto e riesca a mantenerti fedele a te stesso.

Dunque non hai bisogno di usare l'inganno per ottenere qualcosa come rubare, raggirare persone per il tuo scopo, mentire sulle tue intenzioni, occultare, abbellire o distorcere informazioni e verità di qualsiasi natura, poiché così facendo rallenteresti solamente la tua evoluzione; ed anche se la trasparenza a volte potrebbe creare inizialmente dolore, in quanto non tutti sono pronti ad accettarla, è comunque necessaria per dissolvere l'illusione della sofferenza e manifestare un percorso più in linea con la tua vera natura.

3-AMATI INCONDIZIONATAMENTE

L'energia dell'amore incondizionato è la frequenza creatrice dalla quale si originano tutti gli strati dell'esistenza, poiché è quella più alta in assoluto e ha quindi il potere di trasmutare qualsiasi aspetto disfunzionale o illuminare qualsiasi ombra; quando riesci ad amarti in forma incondizionata permetti a questa potente energia di fluire attraverso di te per aiutarti a guarire ogni parte della tua vita. Per questo motivo se vorrai far scorrere dentro di te questa potente energia dovrai diventare l'amante perfetto di te stesso anche nella pratica di ogni tuo giorno, liberandoti dal peso del pregiudizio, dalle costrizioni, dal dovere mentale e da tutto ciò che non ti permette di stare in pace con te stesso. Dovrai oltrepassare il limite mentale per entrare in una vera relazione d'amore con te stesso, in modo da nutrirti con l'energia vitale e manifestare i tuoi talenti nel mondo.

A volte non riesci ad amarti completamente perché credi di non esserne abbastanza degno per meritarti amore, ma ricordati che quelli che credi siano tuoi limiti in realtà sono solo confini che servono a tracciare il percorso del tuo vero destino, se riesci ad accettarli senza però identificarti con essi, potrai utilizzarli per arrivare più velocemente verso i tuoi obbiettivi.

4-UNIFICA LA TUA VISIONE DELLA VITA

Se vuoi avere una visione più integra della tua esistenza, dovrai iniziare a raccogliere i diversi aspetti che non riconosci di te stesso all'esterno, per unirli al tuo interno in forma più consapevole, dovrai cambiare il tuo approccio e saper accettare maggiormente le persone anche quando non ti piacciono, poiché sono proprio quelle che ti rifletteranno le parti che dovrai integrare.

Il tuo sistema interno opera attraverso il mondo esterno per aiutarti a comprendere meglio chi sei e cosa sei in grado do fare, pertanto non è funzionale per te sentirti separato dagli altri o dalla realtà che ti circonda, poiché se continui ad osservare il mondo da un punto di separazione e distacco, non potrai vedere con chiarezza ne trasmutare ciò che si presenta nel tuo percorso.

Tu sei nel corpo fisico, ma non sei confinato solo dentro di esso, questo significa che qualsiasi fattore (tutto e tutti) esterno è una tua estensione, un'altra versione di te stesso con diversa forma ed espressione; se riconosci questa verità dentro te stesso in qualsiasi situazione, diventerà per te molto più semplice interagire con gli altri, potrai utilizzarla come base di vita nella tua pratica quotidiana e raggiungere così uno stato di accettazione tale da velocizzare il tuo risveglio e trascendere gli aspetti disfunzionali. Operando in base a questa consapevolezza di UNIONE, si apriranno per te nuove finestre di opportunità nel gioco.

5-LIBERATI DAI BLOCCHI EMOTIVI
Se fai fatica a vivere o sopravvivere ogni giorno, oppure ti senti frustrato, stressato, depresso, apatico, ecc.. significa che il tuo sistema è appesantito dalle emozioni negative del passato (anche vite passate) rimaste sepolte dentro al tuo inconscio; devi capire che per colpa di situazioni rimaste in sospeso si accumulano dentro al tuo campo energetico memorie cariche di energia negativa, che tu trasporti il più delle volte senza rendertene conto, e sono proprio queste a rallentare la tua esperienza nel gioco.

Dunque per alleggerirti da questo peso, dovrai rilasciare tutti i ricordi che ti creano dolore attraverso il perdono cosciente, tornando in tutte le situazioni dolorose (anche in vite passate) per liberare sia te stesso che gli altri dalla colpa e riprenderti il tuo potere come unico Essere Creatore della tua vita.

Dovrai imparare a darti per primo tutto quello che pensavi ti dovessero gli altri, donarti la comprensione, l'accettazione, la tolleranza, il rispetto, il valore e tutto quello che ti aspettavi dall'esterno, solo in questo modo ti libererai dal ruolo della vittima e libererai anche gli altri dal ruolo che sono costretti ad interpretare verso di te.

6-STABILIZZA LA TUA CONNESSIONE INTERNA
Impara a concentrarti su te stesso nel momento presente, ascolta il tuo respiro quando vuoi stabilizzare la connessione interiormente per fonderti alle tue sensazioni più profonde, in questo modo potrai restare sempre in contatto con la tua intuizione e vedere oltre l'apparente superficialità della terza dimensione.

Per quanto pensi sia difficile il tuo presente da affrontare non devi cercare di sfuggirgli, se vuoi superarlo ti sarà molto più utile invece immergerti in esso e viverlo completamente, così avrai l'occasione di interagirci e migliorarlo in modo permanente; quando impari a restare focalizzato dentro di te anche nelle situazioni più destabilizzanti e difficili, riesci a creare la collaborazione necessaria per ricevere il supporto e risolvere quella situazione molto più velocemente.

7-AGISCI SOLO PER FEDE A TE STESSO

Cerca di muoverti spinto solo per fede a te stesso e tua sincera volontà, non devi compiere gesti per costrizione morale, emotiva o altro che non sia un tuo vero desiderio; non sforzarti mai per fare qualcosa, osservati meglio prima di compiere qualsiasi gesto e rifletti sulla reale motivazione che ti spinge a volerlo fare.

Devi sapere che quando ti sforzi troppo nel fare o essere, significa che sei intrappolato da qualche tipo di paura (anche inconsapevole), in questo modo i tuoi gesti rifletteranno quella paura e saranno dunque spinti dallo squilibrio a creare una falsa realtà (o realtà incompleta), e fino a quando non cambierai questo tuo atteggiamento continuerai a manifestare altre situazioni nelle quali dovrai sforzarti sempre di più, in modo sempre più intenso.

Ecco perché devi seguire sempre e solo la tua verità interiore ed agire per fede a te stesso, perché se vivrai solo per amor tuo non sentirai il bisogno di fare alcuno sforzo ne di costringerti ad apparire in altra forma che non sia la tua vera natura; in questo modo potrai anche ristabilire lo stato del tuo equilibrio energetico.

8-LIBERATI DAL PREGIUDIZIO

Quando usi la tua mente per giudicare la realtà che ti circonda (persone e situazioni) rallenti l'avanzamento del tuo percorso nel gioco perché ti blocchi dentro a quel giudizio! La mente è uno strumento che ti serve per concretizzare e progettare la tua vita materiale, ma non riesce a vedere al di là di quello che gli viene mostrato o chiesto, non è stata progettata per sapere tutto o darti le risposte oltre a quelle che già conosce, perciò dovrai fare più attenzione a non basarti sempre su di essa per interpretare la tua vita; se non riesci a comprendere qualcosa piuttosto chiedi che ti venga data la possibilità di avere maggiori informazioni a riguardo, in modo da non bloccare il fluire degli aventi con le tue aspettative mentali.

Quando giudichi significa che hai una credenza limitata che ti costringe a ripetere sempre lo stesso karma, perché non ti permetti di espandere la tua conoscenza e sperimentare nuove situazioni, così il tuo gioco riprodurrà quella stessa situazione che hai giudicato fino a quando non riuscirai a rivederla e liberarla.

9-AGISCI SOLO PER SENSO DI ABBONDANZA

Prima di stabilizzarti in un pensiero e compiere un gesto, impara a chiederti da quale credenza ha avuto origine quell'impulso, cerca sempre di capire su quale tipo di sensazione ti stai basando per reagire in un certo modo, o per sentirti spinto verso un certa situazione.

Per migliorarti dovrai cercare di conoscerti meglio, quindi chiederti se i tuoi gesti sono il prodotto di un senso di mancanza, quindi dalla paura di non poter avere qualcosa, o da un senso di abbondanza, quindi dalla fiducia di meritare ed ottenere ciò che ti serve.

Solo se ti osservi attentamente potrai comprendere con maggior chiarezza l'origine dei tuoi comportamenti disfunzionali per risalire allo scompenso emotivo che le ha originate, la realtà si modella in base alle tue credenze ed ai tuoi valori interiori, per questo diventa importante tenere in considerazione che nel momento in cui agisci spinto da una paura di mancanza, attirerai altre situazioni di mancanza nel tuo cammino; quando invece agisci per un senso di fiducia ed abbondanza, allora attirerai situazioni simili, che ti faranno sperimentare sempre più abbondanza.

10-PERMETTITI DI DESIDERARE

Non avere paura a desiderare oppure osare chiedere più di quello che pensi di meritare, non accontentarti di ciò che gli altri ti hanno fatto credere che puoi avere, e non porti limiti quando vuoi plasmare la tua realtà solo perché credi per ora di non riuscire ad ottenere qualcosa, non significa che non potrai creare fin da subito le condizioni giuste per poterla manifestare!

Se saprai spingerti con l'immaginazione oltre il limite di credenze che ti impedisce di poter raggiungere i tuoi desideri, permettendoti di pensare alla versione migliore di te stesso o della tua vita, potrai raggiungere senza sforzo qualsiasi obbiettivo tu riesca a concepire nella tua mente, dovrai solo usare l'immaginazione come strumento per plasmare nella dimensione astrale la realtà che vuoi sperimentare. In questo caso per raggiungere in tempi brevi i tuoi obbiettivi e facilitarti il percorso, dovrai annullare prima l'aggancio delle emozioni negative perché sono quelle che ti potrebbero sabotare la manifestazione, oppure potrai agevolarti nutrendo con più attenzione ciò che desideri, e lasciando andare quello che invece non ti piace o che non vuoi sperimentare. Immagina una miglior versione del tuo presente e focalizzati su tutto quello che ti renderebbe felice, lasciando fluire la sensazione di benessere dentro di te; permettiti di provare emozioni positive di gioia senza giudicarle o bloccarle con la paura, ed in questo modo sosterrai l'energia a creare per te quella realtà.

11-ESPRIMI LE TUE INTENZIONI AL MONDO

Esprimere i tuoi desideri e le tue intenzioni, in modo più chiaro al resto del mondo, potrà manifestare più velocemente le opportunità e le situazioni necessarie per condurti verso i tuoi obbiettivi. La realtà che ti circonda si crea soprattutto quando ti esprimi, una parte molto importante che devi tenere in considerazione nel tuo processo di realizzazione materiale è appunto quella di riuscire ad esprimere le tue sensazioni, dichiarando prima di tutto a te stesso tutto quello che vorresti realizzare nella tua vita, in modo chiaro e sincero, ed in seguito comunicarlo con maggior chiarezza anche agli altri. Quando infondi chiarezza e sicurezza alle tue intenzioni, gli conferisci anche una forma più reale, e così avrai maggior potere di attirare anche tutti gli strumenti e le situazioni necessarie per raggiungerle.

12-UTILIZZA LA TUA BUSSOLA INTERIORE

Sei dotato al tuo interno di un sistema di orientamento molto efficace e sofisticato, che tu puoi percepire come intuizioni e sensazioni, quando ti senti disorientato e vivi in situazioni di confusione, puoi connetterti internamente a questa parte di te stesso per avere maggior chiarezza sulla direzione da prendere, o per avere consigli su come affrontare nel miglior modo le difficoltà del presente.

Potrai utilizzare la tua bussola interiore semplicemente ascoltandoti meglio e focalizzando l'attenzione al tuo interno, ogni volta che avrai bisogno di ricevere le risposte o le direttive necessarie sull'evoluzione del tuo obbiettivo, dovrai solo prenderti il tempo per spostare il focus dentro di te e collegarti.

Riceverai sempre una risposta per ogni tua domanda, che percepirai come una sensazione, in seguito potrai decifrarla utilizzando la mente, chiedendogli di convertire la percezione in un pensiero logico, affinché tu possa adattarlo nella pratica della tua vita quotidiana.

Se non sei abituato, ti servirà un poco di tempo per allenarti a ricevere i messaggi dal tuo interno, ma una volta che avrai stabilizzato la connessione, diventerà sempre più facile ed automatico attingere a questo tuo strumento.

13-RESTA SEMPRE APERTO ALLE NOVITÀ

Per abbandonare lo schema limitante in cui ti sei confinato fatto di abitudini quotidiane, dovrai cercare di permettere alle novità di entrare nel tuo cammino lasciando aperta la mente e provando a cambiare qualcosa (anche di piccolo) ogni giorno. Non chiudere la visione di te stesso dentro a situazioni apatiche e ripetitive, ma cerca sempre una possibilità diversa per ricevere altre tipo di esperienze; se ti metti in questo stato di apertura potrai avvicinarti a diverse persone e situazioni per assimilare nuove visioni in grado di cambiare ed arricchire ogni tuo giorno.

14-PARTECIPA ATTIVAMENTE AL GIOCO

Partecipare attivamente alla creazione della tua vita significa riuscire ad interagire in forma più concreta con la realtà che ti circonda in modo da prenderne il controllo, dovrai scendere nelle tue profondità e prenderti la responsabilità di quello che ti accade. Per non bloccarti continuamente nelle situazioni e diventare vittima del tuo destino, dovrai essere disposto a prendere le redini della tua vita e fare tutte le scelte necessarie a sbloccare la situazione, o fare tutti i cambiamenti che rimandi per paura; in principio ti sarà utile accettare il punto di partenza presente (qualsiasi esso sia) nel quale ti trovi, ed accogliere la tua condizione con tutti i "limiti" che stai sperimentando, così in seguito potrai capire meglio in che modo fare la tua scelta.

Se non sei nello stato di completa accettazione, non puoi raggiungere il chiarezza interiore e quindi neppure stabilire un vero contatto con la realtà che ti circonda; dunque se vuoi prendere più potere nel tuo gioco, dovrai prima accettare la posizione in cui ti trovi anche se negativa, poiché solo in questo modo potrai riuscire ad interagire con il tuo sistema in modo costruttivo.

CAPITOLO 3
TRASMUTARE IL DOLORE

3-1 INDIVIDUARE L'ORIGINE DEL DOLORE

Trasmutare il dolore significa risalire alla sua origine per comprenderne il messaggio, perché qualsiasi tipo di dolore o sofferenza, si genera da per mancanza di informazioni e comprensione; questa mancanza genera lo stato di paura e tensione interiore, che blocca l'evoluzione del tuo percorso nel gioco.

Quando la tua comprensione di blocca, anche l'energia vitale non riesce a fluire liberamente dentro al tuo campo, perché incontra una resistenza mentale (chiusura) che ne limita il flusso, in questo caso il tuo sistema cerca di avvisarti del problema creandoti un allarme, che tu percepisci come un dolore, ed in seguito ti spingerà a liberare il tuo canale, manifestando tutte le situazioni che potrebbero aiutarti a sbloccarti e comprendere meglio quell'aspetto che non riesci ad accettare; quelle che tu sperimenti come difficoltà sono quindi opportunità create dal sistema del gioco, per aiutarti a raggiungere una consapevolezza più profonda di qualche aspetto incompreso nella tua esistenza. Dunque prima riuscirai a prenderti la responsabilità delle tue esperienze di dolore, prima potrai risalire alla sua vera origine e capire quale credenza disfunzionale devi modificare.

Il processo della sofferenza si potrebbe anche definire come un tentativo di espansione del tuo sistema, poiché ha lo scopo farti superare il limite percettivo nel quale ti sei confinato.

3-2 LE DIVERSE MANIFESTAZIONI DEL DOLORE NEI TUOI TRE CORPI

In questa esistenza tridimensionale tu sei caratterizzato dalla trinità, sei un essere umano composto da un sistema di tre corpi principali, quello energetico, quello mentale e quello fisico; dunque in base a questa conoscenza ed affinché il tuo corpo possa funzionare al suo meglio in questa dimensione, dovrai allineare tutti e tre i corpi in modo che possano collaborare nella forma migliore tra di loro, poiché la loro fusione ti permetterà di gestire meglio il tuo interno e prendere una posizione di comando nel gioco. Devi sapere che ogni uno dei tuoi tre corpi assimila il dolore in forma diversa, ma solo uno ne è la vera causa; così per sapere come gestire il tuo sistema e trascendere la sofferenza, dovrai anche comprendere meglio in quale dei tre corpi inizia a formarsi del dolore.

Di seguito ho elencato tutte le diverse manifestazioni del dolore nei tre corpi, in modo che tu possa avere una più chiara idea di come funzionano.

CORPO MENTALE
DOLORE MENTALE PER NECESSITÀ DI COMPRENSIONE

Il dolore del corpo mentale si percepisce come una tensione alla testa o in tutto il corpo, e si crea principalmente quando hai difficoltà a comprendere qualche situazione, quando ti sforzi e ti stressi a livello psicologico, quando vuoi controllare, adattare e limitare il flusso della tua vita in modo schematico; ma cercando di utilizzare la mente come unico strumento per gestire la tua esistenza, la sfrutterai più di tutti gli altri corpi, ed in questo modo gli darai troppo carico che la esauriranno, influenzando così anche tutti gli altri strati del sistema.

Se pretendi di evolvere o risolvere tutte le situazioni usando solo le conoscenze e capacità mentali, avrai molte difficoltà ad interpretare in modo completo la realtà di questa dimensione, e quindi non potrai neppure comprenderla o gestirla nel migliore dei modi.

A volte quando la tua mente non dispone della conoscenza necessaria per darti la completa interpretazione di una certa situazione, neppure tu riuscirai ad avere ben chiaro il miglior comportamento o reazione da adottare in confronto, per questo motivo si genera lo stato di vuoto o confusione, che tu percepisci come incomprensione, e serve proprio per avvisarti che devi cercare più informazioni se vuoi completare il quadro generale di quell'aspetto nella tua vita; dunque renderti conto che che ti manca qualcosa di per se non è una male, anzi questo è il naturale processo di evoluzione della coscienza, in verità il problema non si crea quando non riesci a comprendere qualcosa, perché se saprai accettare la tua "mancanza" nel cammino del risveglio, la comprensione arriverà sempre e comunque da sola, il blocco si crea invece quando hai una reazione negativa in confronto al tua mancanza, poiché la vedi come un limite invece che come un'opportunità per scoprire oltre a quello che pensi di sapere, e così ti rallenti il processo di consapevolezza.

Quando hai paura di non essere accettato per i tuoi limiti mentali, potresti cercare di nascondere le tue "lacune" a te stesso ed agli altri, potresti credere che sia meglio occultare alcuni aspetti perché non degni di essere espressi, ma è proprio questo atteggiamento di rifiuto a creare tutte le illusioni di dolore, perché vuoi sembrare integro quando in realtà ancora non lo sei, perché non vuoi accogliere la tua parte ombra, quella che ha paura, e quindi non ti permetti neppure illuminarla!

Questi sono i motivi principali per cui ti rendi il gioco ancora più difficile, e che generano la spirale della sofferenza nella tua vita.

CORPO ENERGETICO
DOLORE EMOTIVO PER NECESSITÀ D'AMORE

Il meccanismo delle emozioni è la forma di comunicazione che utilizza il tuo sistema energetico per trasmettere messaggi alla tua coscienza, quelle che tu avverti come sensazioni sono le reazioni che ha il tuo spirito in confronto alle varie esperienze che fai nella vita sotto forma di impulsi elettrici; le emozioni quindi servono per darti un feedback di quello che stai vivendo, e quando sono negative servono ad attirare la tua attenzione su un determinato aspetto di te stesso da ricalcolare, se sono positive ti invitano a farne maggior esperienza per espanderti nel gioco.

Le emozioni dunque ti permettono di comprendere come ti senti in relazione a quello che sperimenti nel mondo esterno, e ti creano sensazioni positive (di apertura) quando ti dirigi verso la tua evoluzione e sei allineato con le verità dell'amore, oppure negative (di chiusura) quando invece ti perdi nell'illusione e nella mancanza d'amore; in questo caso se credi di poter ricevere abbastanza amore (energia vitale), il segnale interno ti rassicura che ti stai predisponendo per il percorso migliore inviandoti emozioni positive, perché quando hai fiducia e ti nutri di amore, riesci a risuonare con l'espansione della Creazione e di conseguenza a ricevere tutto il sostegno necessario per creare il miglior percorso. Quando invece non hai fede e credi di non meritare amore, si chiude il canale di ricezione abbassando così la frequenza del sistema, a sua volta ti avvisa con un'emozione negativa che stai bloccando la tua espansione, e quindi di rimuovere l'ostacolo e riaprire il canale.

Quando provi dolore emotivo significa che non hai dato la giusta importanza ai primi segnali delle tue sensazioni, così trascurandole si sono caricate d'intensità e hanno preso maggior corpo trasformandosi in emozioni più o meno intense, in modo da attirare la tua attenzione ed essere prese in considerazione per essere ricalcolate.

Il dolore emotivo di qualsiasi genere si origina quando ti metti in una prospettiva di mancanza e CREDI di non avere o essere abbastanza, quindi la sua origine è sempre comunque una limitata interpretazione mentale della tua realtà; per questo motivo bisognerà sempre riuscire a risalire alla credenza mentale che l'ha generata, per rivederla e sciogliere così quell'aspetto correlato all'emozione di dolore.

CORPO BIOLOGICO
DOLORE BIOLOGICO PER NECESSITÀ
DI SOPRAVVIVENZA

Il dolore nel corpo biologico è la manifestazione cristallizzata del dolore emotivo, quando reprimi molte emozioni negative al tuo interno, finiscono per sovrapporsi e formare nel tempo strati compressi di tensione energetica, che in fine si riversano nella materia attraverso il corpo biologico. Dopo un periodo di tempo che non presti abbastanza attenzione alle tue emozioni, queste si accumulano sempre di più nel tuo sistema creando squilibrio e rallentando la ricezione del nutrimento energetico che gli necessita per restare nella sua forma ideale; in questo caso il dolore fisico dunque ti avverte che hai cumulato troppa carica negativa condensata, e ti indicherà anche in quale zona del corpo, in modo da permetterti di agganciarti a quel dolore e cercarne l'origine psico-emotiva.

Anche in questo caso dovrai sempre risalire alla credenza disfunzionale correlata per risolverla, associando il dolore biologico ad un'emozione, ed in seguito dall'emozione raggiungere la sua credenza psicologica di mancanza per integrarla.

3-3 DIETRO L'ILLUSIONE
DELLA SOFFERENZA

Sei immerso dentro a questa dimensione per sperimentare il percorso della tua esistenza nella forma umana, innalzando progressivamente la tua frequenza interna attraverso l'esperienza della vita quotidiana; dunque il progetto di questo gioco esistenziale è programmato per trasmutare il tuo AVATAR BIOLOGICO nella sua miglior versione: un AVATAR LUCE. In questo tuo percorso di illuminazione più saprai ascoltarti ed alleggerirti dal peso energetico interiore, più ti sentirai libero di innalzare la tua frequenza, il tuo progresso dipenderà soprattutto da quanto riuscirai ad individuare gli ostacoli che ti impediscono di fluire per dissolverli dal tuo interno. Anche quando il tuo dolore sembra provocato dall'esterno, da situazioni o persone casuali, dovrai riuscire a prenderti la tua parte di responsabilità e capire da quale tipo di credenza disfunzionale hai generato quel tipo di realtà.

Prima di tutto dovrai accettare di essere sempre tu creatore delle tue difficoltà, perché ogni volta che qualcuno ti provoca un dolore di qualsiasi natura esso sia, significa che un frammento del tuo Essere si è intrappolato nel buio del subconscio, così l'unico modo che ha per comunicare con te è quello di riflettersi nella realtà usando le persone che tu percepisci come "gli altri", per farti vedere qualcosa che non vuoi accogliere come parte di te. Questo è l'unico mezzo che ha a disposizione la tua Anima nella realtà tridimensionale per attirare la tua attenzione, quando sei ancora in uno stato di incoscienza; il suo scopo è quello di farti integrare in forma cosciente tutte quelle parti che ancora non vuoi riconoscere di te stesso, in modo da renderti più forte e risvegliarti alle verità essenziali che ti servono per continuare ad illuminarti nel gioco.

Devi sapere che tutti gli stati di dolore e sofferenza si generano da un'unica fonte: LA PAURA! E questa si suddivide in molte sfaccettature come la paura di non essere amati, accettati, compresi, avvalorati, rispettati, degni, meritevoli, ecc.. Ma anche se la paura è una pura illusione, poiché prodotta dalla non chiarezza che ti mette nello stato di non riuscire a vedere oltre quel limite, in verità è comunque necessaria per avere l'esperienza della vita tridimensionale, in quanto ti permette di sperimentare l'eternità dell'esistenza in modo progressivo, risalendo dal suo polo negativo "NON AMORE" gradualmente verso il suo polo positivo "L'AMORE".

La tensione che ti blocca nella sofferenza quindi nasce quando non riesci a vedere l'amore (la completezza) in qualche aspetto della tua esistenza perché non vuoi accettare i tuoi limiti tridimensionali, mentre in realtà questi stessi limiti servono a delineare il percorso che ha scelto la tua anima per mantenerti dentro al tuo destino!

Ti basterebbe accettarli come parte integrante del tuo cammino, e seguire il flusso per comprendere che alcune informazioni vengono oscurate alla tua percezione, quando non ti servono per l'esperienza che devi fare. Se non riesci ad avere qualcosa nella tua vita (una comprensione, una situazione, persona, oggetto, ecc..) non vuol dire che ti manca, che non ci sia abbastanza amore o che non ne sei degno, ma significa che quella persona o cosa non è utile alla tua crescita in quel momento; mentre tutto quello che ti circonda, e al quale puoi accedere in modo facile, è invece esattamente ciò di cui hai bisogno per evolvere da quel punto.

Prima comprenderai che tutto è amore, anche nelle situazioni più difficili quando non sembra che ci sia, prima potrai vederlo ed illuminare quell'aspetto della tua vita per trascendere la sofferenza che ti blocca.

3-4 DIETRO L'ILLULLSIONE DELLA SEPARAZIONE

In questo gioco tridimensionale esistono diverse illusioni collettive tramandate da generazioni sotto forma di verità assolute, una di queste è la credenza di essere un individuo singolo o confinato dentro ad un corpo biologico, e di conseguenza separato dal resto del mondo.

Quando sei ancora avvolto dall'oscurità potresti avere la sensazione di essere separato da tutto ciò che ti circonda, ma non significa che sia basata su un'informazione reale, infatti questa falsa credenza ti crea l'illusione del distacco, dandoti la percezione che le altre forme di vita ed il mondo esterno siano entità dissociate da te, o che addirittura non abbiano nessuna correlazione apparente con la tua persona; questo è anche il motivo per cui pensi di risolvere le tue difficoltà partendo dall'esterno di te stesso, perché in uno stato di separazione non sai che puoi avere il controllo del mondo esterno direttamente dal tuo interno, poiché si tratta di una tua proiezione.

Quando la tua coscienza è pronta ad amplificare la percezione che hai di te stesso, ti spinge a ricevere le informazioni necessarie per aggiornarti in una nuova versione, facendoti vivere situazioni nelle quali ti mostra che non hai più bisogno di definirti solo dentro al tuo corpo, e quando succederà semplicemente dovrai iniziare a concepire la tua presenza estendersi anche oltre il corpo biologico, lasciando che la tua essenza si possa riversare ovunque attorno a te.

Dovrai quindi saper concepire l'idea che non esistono "gli altri", ma esisti solo tu ed i tuoi diversi frammenti, che si riflettono nel mondo attraverso "gli altri", anche se ti senti focalizzato dentro ad un singolo corpo perché questo ti permette di creare un punto di appoggio nella terza dimensione da cui partire a creare la tua realtà (come una base di controllo), non ti definisce solo dentro di esso.

Se ti permetti di accogliere la verità di questa tua natura, comprenderai che in ogni situazione puoi rappresentare TUTTO, ed allo stesso tempo NIENTE! Ed in base a quanto sarai focalizzato nel tuo centro (base di controllo del gioco), potrai prendere il controllo per utilizzare il tuo potere e creare il ruolo, anche attraverso gli altri, che preferisci nel tuo cammino; ma ricordati che se vorrai continuare ad evolverti ed aggiornare continuamente il tuo paradigma esistenziale, dovrai anche saper aggiornare continuamente la vecchia concezione che hai di te stesso, in modo da permetterti di seguire il progresso della vita ed espanderti oltre i limiti.

3-5 I MECCANISMI DELL'ENERGIA DI DOLORE

In questa realtà l'esperienza di evoluzione si crea attraverso un meccanismo di azione e reazione, ogni situazione che sperimenti in questo livello si manifesta per metterti nelle condizioni di evolvere e reagire sempre meglio in confronto alle difficoltà della vita, qualsiasi tua esperienza quindi è progettata per farti comprendere come avanzare e trascendere i tuoi limiti.

Il gioco si organizza per aiutarti ad oltrepassare qualsiasi illusione del dolore, mettendoti nelle condizioni di avere sempre più coscienza dello squilibrio interiore che lo ha generato, e riportarti al centro del tuo Essere per riprendere il comando sulla realtà. Dunque quando si manifesta una situazione di difficoltà nel tuo cammino, significa che il tuo sistema sta cercando di darti la chiave risolutiva del problema per farti raggiungere il livello successivo del gioco; in effetti se inizi a riflettere con maggior attenzione, senza farti offuscare dalle emozioni, sulle origini psico-emotive delle tue reazioni negative, capirai che il meccanismo di tutte le situazioni che vivi è progettato per uno scopo ben preciso: creare una reazione per INDURTI A FARE UNA SCELTA!

In questo caso devi ricordarti che in qualsiasi situazione ti troverai, avrai sempre due opzioni di base per fare la tua scelta, le opzioni sono: scegliere per SENSO DI MANCANZA, o per SENSO DI ABBONDANZA. E se comprendi come fare la scelta di abbondanza, anche quando sei dentro alle situazioni che all'apparenza sembrano partire da un punto di mancanza (di amore, di abbondanza, di pace, di rispetto, ecc...), potresti sbloccarla velocemente ed in modo definitivo; dorai chiederti se la scelta che stai facendo riguardo a quella determinata persona o situazione sia spinta da una credenza d'amore o dalla sua mancanza, la risposta di farà capire anche come si evolverà quel tuo aspetto.

3-6 LO SCOPO DELLA SOFFERENZA

Più l'energia di sofferenza rimane bloccata al tuo interno, maggiori saranno i danni che potrà creare anche al tuo corpo biologico, in base alla sua urgenza quindi il sistema si organizza per dare priorità al dolore più vecchio (poiché bloccato da più tempo) di esprimersi esteriormente, con il tentativo di preservare la tua integrità e salute. In questo modo il gioco si organizza per farti vivere le esperienze nelle modalità che ritiene possano indurti a rilasciarli uno alla volta, partendo da quelli più urgenti.

Di seguito ho descritto le sensazioni di sofferenza più rilevanti, con il loro grado di urgenza nel sistema, per aiutarti a riconoscerle e rilasciarle in modo consapevole.

SENSAZIONE LATENTE DI SOFFERENZA
URGENZA MEDIO-BASSA

Quando percepisci una sensazione o emozione di sofferenza senza un reale motivo, come quando avverti rabbia, ansia, attacchi di panico, disagio, insonnia, tristezza, depressione ecc.. ma senza una spiegazione all'apparenza razionale, quella sensazione rappresenta una memoria del passato (anche di vite precedenti) che riemerge per essere rivista ed equilibrata; in questo caso il tuo sistema ti avverte con una sensazione più o meno forte (in base alla sua urgenza) di fermarti a dare importanza a questo tuo aspetto interiore, di prenderti un tempo per riconoscere la credenza disfunzionale da aggiornare.

Se vuoi comprendere meglio cosa ti vuole comunicare la tua sensazione di scompenso, dovrai prima accettare di sentirti in quel modo, perché solo accogliendola potrai collegarti alla sua origine, ed in seguito immergerti ancora più profondamente; in questo modo potrai riuscire a percepirla con maggior chiarezza e ricevere dunque il suo "messaggio". Mentre ti immergerai in questo processo di consapevolezza, avrai bisogno di riconoscere una ad una, tutte quelle verità che hai sepolto e negato a te stesso, alle quali probabilmente non hai mai voluto prestare abbastanza attenzione, perché se vuoi risolvere definitivamente il problema, dovrai imparare ad ascoltarti meglio nello stesso momento in cui si presentano, senza rifiutarle o lasciarle in sospeso; solo così potrai conoscerne il reale significato oltre a quello superficiale, e gradualmente trascendere il "disagio" che senti.

SITUAZIONI CICLICHE DI SOFFERENZA
URGENZA MEDIA

Quando sei bloccato in situazioni o relazioni di difficoltà che si ripetono in modo ripetitivo (karma) e che coinvolgono altre persone come i famigliari, i partner, amici, conoscenti ecc.. significa che è in atto un conflitto al tuo interno creato dall'attrito di più credenze psico-emotive che non riescono a fondersi tra di loro.

La sofferenza e difficoltà che sperimenti in modo ciclico nel mondo esterno, serve a darti la possibilità di ritornare nel punto esatto in cui hai bisogno di portare equilibrio ed illuminare qualche aspetto di te, quindi per sciogliere il nodo karmico dovrai riuscire a mettere d'accordo le diverse parti conflittuali del tuo essere (emozioni e ragione) in modo da ripristinare la pace, e farle collaborare insieme per lo stesso obbiettivo.

Il tuo sistema ti farà rivivere continuamente situazioni che riflettono il tuo stato interno, per aiutarti a comprendere che tipo di relazione hai con te stesso e quale conflitto interiore devi risolvere; lo scopo di questo processo è quello di spingerti a ricalcolare la tua visione per integrare le diverse sfaccettature del tuo essere attraverso l'esterno, e se vuoi facilitare questa integrazione dovrai essere disposto ad uscire dal ruolo rigido che ti sei prestabilito di interpretare togliendo la responsabilità della tua vita a tutte le persone coinvolte.

È necessario che tu riesca a distaccarti dalla solennità e dal peso delle aspettative mentali che riponi sia su te stesso, che sugli altri, in modo da allargare i tuoi limiti e fluidificare la percezione che hai della tua vita; quando riesci a spingerti oltre ai confini del tuo ruolo, puoi anche raggiungere una più profonda comunione con l'altro e percepirlo come parte di te stesso, in questo stato di comprensione potrai spezzare definitivamente il ciclo della sofferenza che ti lega a quel tipo di persona o relazione.

SITUAZIONE COSTANTE DI SOFFERENZA
URGENZA MEDIO / ALTA

Quando ti senti intrappolato da molto tempo in una situazione continua di tensione, quando la sofferenza diventa una costante nella tua vita e sperimenti spesso sensazioni di dolore emotivo e biologico di varia natura, significa che il problema è abbastanza urgente e ha radici molto profonde (antico), quindi il tuo sistema ti chiede di ritirarti in solitudine per un tempo per focalizzarti all'interno di te e risolverlo; dovrai iniziare una comunicazione con te stesso per ritornare alle tue radici (famigliari e ancestrali) ed intervenire partendo dalle profondità più oscure del tuo subconscio. In questo caso ti viene richiesto di rivedere le tue credenze basilari (famigliari, spirituali, mentali, sociali, umane, ecc..) sulle quali stai basando gli aspetti più importanti della tua vita, poiché sono quelle che stanno bloccando la tua evoluzione da molto tempo e non ti permettono di allinearti con la tua vera natura.

Quando sei in una situazione di difficoltà nella quale ti senti limitato malgrado i tuoi sforzi, significa che devi smettere di lottare e fermarti per abbassare le resistenze, dovrai saper accettare di soffrire e perdonare te stesso per non aver saputo fare di meglio, accogliendo la tua vita così come si presenta! Per quanto pesante e difficile possa sembrarti, questo è il primo passo necessario ed utile per innescare il cambiamento o manifestare una risoluzione.

Prima di tutto, devi capire che quando la sofferenza diventa una costante nella tua vita quotidiana (disagio continuo, depressione, malinconia, apatia, intolleranza, insofferenza al mondo esterno, ecc..), significa che non hai prestato abbastanza attenzione alle tue esigenze umane per paura e poca fiducia in te stesso, probabilmente non sei stato in grado di vedere e comprendere il tuo valore come essere umano in molte situazioni, e questo atteggiamento ti ha portato a sentirti talmente debole da credere di non riuscire a farcela da solo, quindi potresti aver fatto l'errore di seguire gli altri per compiacerli e garantirti la loro forza, il loro amore, la tua sopravvivenza, la tua protezione o qualsiasi altra cosa pensavi potesse servirti.

Ma quando ti comporti in questo modo diventi dipendente dagli altri e non puoi quindi essere essere libero di vivere la vita che davvero desideri, perché se non riesci ad attingere alle tue risorse interiori finisci per accettare quello che ti impongono gli altri, e reprimi così le tue verità, oppure ti costringi a compiacere qualcuno senza ascoltare prima le tue esigenze per paura di perderli; ma nel momento in cui tradisci te stesso per compiacere un'altra persona, di conseguenza abbassi il tuo potere interiore per aumentare il suo, creandoti sofferenza.

Questo tipo di sofferenza è dunque il risultato della tua sottomissione incosciente o cosciente, in questo caso sarà necessario trovare il coraggio ed avere più fiducia in te stesso, accettare la situazione attuale, iniziando ad allontanarti da tutto ciò che non ti appartiene davvero, per ritornare alle tue radici e riscoprire chi sei davvero; se impari ad esprimere la tua verità in ogni aspetto della tua vita, ti permetterai di spezzare la catena dell'oppressione psicologica, e tornare ad essere felice risanando anche il tuo sistema.

SITUAZIONE IMPROVVISA DI SOFFERENZA URGENZA ALTA

Quando si manifesta un cambiamento improvviso attraverso un'esperienza drastica come per esempio incidenti, rotture, notizie ed informazioni inaspettate, ecc.. che ti creano destabilizzazione psicologica, emotiva, fisica o tutte e tre, significa che è avvenuta un'importante rottura d'equilibrio nel tuo sistema, causata dalla compressione di tanti strati di dolore emotivo repressi al tuo interno per troppo tempo; questi strati spingendo per essere liberati, dopo un periodo "esplodono" nella tua realtà per costringerti a prendere con urgenza una decisione rispetto a qualche aspetto disfunzionale di te stesso.

In questo caso il sistema del gioco ti vuole far capire che devi prendere sul serio le tue esigenze interiori, dando maggior importanza alla tua intuizione e meno potere alla mente di controllarti; per superare una situazione di questo genere dovrai prenderti tutto il tempo necessario per ridimensionare le tue priorità esistenziali e riportare ogni tuo aspetto al suo posto, ricalcolando l'importanza che hai dato ad ogni una delle tue parti. Se hai conferito troppo potere di comando alla tua parte più razionale in tutte le situazioni della tua vita quotidiana, significa che hai messo in disparte gli altri aspetti importanti di te stesso come le tue emozioni, intuizioni ed i tuoi desideri più profondi, ed in questo modo gli hai sottratto anche il potere, rendendole sempre più impotenti ed arrabbiate; questa rabbia si accumulerà dentro di te e se non ti permetterti di esprimerla, diventerà sempre più forte fino a riversarsi con aggressività nella tua realtà.

Quando trattieni troppe emozioni negative e per troppo tempo, o se non dai importanza in eguale misura a tutti i tuoi tre corpi (spirituale, mentale, biologico), si crea un distacco al tuo interno ed avrai di conseguenza anche un limitato accesso alle tue risorse; in questo modo neppure potrai creare la collaborazione che ti serve per superare i tuoi limiti e continuare il tuo percorso, proprio per questo motivo se non ne prendi coscienza da solo, il sistema del gioco sarà costretto a crearti l'esperienza che riterrà più utile per sbloccare il tuo livello.

Devi sapere che qualsiasi essere vivente che non riesca a proseguire per stare al passo con il progresso dell'esistenza nel gioco, non potrà restare a lungo bloccato dentro allo stesso livello, poiché il sistema è progettato per spingerlo in avanti provocandogli tutti gli input o situazioni necessarie alla sua evoluzione a qualsiasi costo, e se proprio non riesce ad aiutarlo in quello stesso corpo, allora dovrà farlo trapassare in un altro, oppure verso un altro mondo o dimensione che abbia una frequenza adatta al suo tipo di coscienza. Prima di arrivare in qualsiasi situazione estrema, la vita comunque cercherà sempre di avvisarti con dolcezza o in altre forme meno drastiche del tuo squilibrio, e solo quando non riesci a dargli la giusta importanza, allora ad un certo punto si attiverà il programma di emergenza per il recupero della tua Anima; ma potrai evitare che questo tipo di situazione si ripeta o superarla meglio, se inizierai fin da subito allentare il controllo mentale, a fermarti per allineare i tuoi tre corpi per vivere più in linea con le tue verità più profonde.

È molto importante nelle situazioni estreme lasciarsi fluire senza cercare di controllarle, e prima di ogni cosa riprendere il collegamento con le tue sensazioni più profonde, questo ti serve per purificare il tuo animo dal profondo dolore e stress che hai accumulato, e manifestare meglio la tua realtà partendo dalle verità importanti di te stesso; se impari ad esprimere quotidianamente la sofferenza che ti porti dentro senza più giudicarti, potrai semplificare il tuo cammino ed alleggerirti dalle cariche negative, così basare l'estensione della tua vita su un filtro più pulito ed amorevole, ed in questo modo non avrai più la necessità di manifestare altre sorprese negative nel tuo cammino.

3-7 GLI STATI DI MANCANZA CHE CAUSANO SOFFERENZA

Qualsiasi tipo di sofferenza si genera quando non si ha abbastanza consapevolezza per comprendere qualche aspetto della propria vita, dunque da una credenza di mancanza che a sua volta crea la paura, ed in questa dimensione esistono diversi aspetti illusori di mancanza per cui si sperimenta sofferenza, di seguito ti elenco l'interpretazione della loro origine con la possibile risoluzione, in modo da renderti più chiaro il loro meccanismo di manifestazione.

MANCANZA D'AMORE

La sensazione illusoria della mancanza d'amore è il principio di ogni sofferenza, poiché è proprio questa falsa credenza a generare tutti gli altri tipi di mancanze!

Solitamente iniziamo a farne esperienza fin da piccoli, quando ancora siamo in stato embrionale dentro alla pancia di nostra madre, anche se non ne siamo coscienti, comunque riusciamo a percepire a livello vibratorio quanto amore o quanta sofferenza abbiamo attorno. Una volta che veniamo al mondo, poi crescendo, cresceranno con noi anche la sensazioni di mancanza, ed ogni uno di noi cercherà di compensarle con gli strumenti che ha disposizione, in base anche al livello della sua coscienza; ma a volte quando siamo ancora incoscienti ed immersi nella separazione della dualità, potremmo essere convinti che qualcuno di "esterno" a noi debba avere la responsabilità di compensarci dell'amore che non riusciamo a trovare dentro noi stessi, ed è proprio questa distorta credenza a metterci nelle condizioni di sperimentare tutti gli altri stati della sofferenza.

In verità compensare l'amore che sentiamo di non avere è molto più semplice di quello che potrebbe sembrare, basterebbe comprenderne prima di tutto il reale significato, capire che la risorsa del vero AMORE si trova solo al nostro interno, poiché rappresenta la nostra fonte personale D'ENERGIA VITALE, la frequenza più alta a cui potremmo collegarci per nutrire, animare, integrare in forma autonoma il nostro sistema.

Tutti gli esseri sono dotati al loro interno della capacità di collegarsi ed attingere direttamente alla loro fonte energetica di vita, senza servirsi degli altri o di un tramite esterno, gli basterebbe stabilizzare la connessione con LA FONTE attraverso il plesso solare (situato nel petto) per riuscire a ricevere direttamente tutto il nutrimento (l'amore) necessario; il problema nasce quando si è ancora inconsapevoli di questa semplice informazione, o quando il canale di ricezione viene bloccato dalle paure ed altre emozioni negative, allora in questo caso prima di riuscirci dovresti purificare il tuo canale per portare equilibrio e permettere al flusso di scorrere nuovamente con facilità nel tuo sistema.

Sperimentare amore in modo costante dunque non dipende da un fattore esterno a te stesso (dai tuoi genitori, dal compagno, dagli amici, ecc..), ma bensì da quanto riesci a stabilizzarti dentro al tuo centro per ricevere in forma costante l'amore in grado di riempirti e trasformare ogni aspetto del tuo Essere nella sua miglior versione; quando ti muovi nel mondo esterno spinto dal desiderio di cercare amore, in realtà non fai altro che manifestare ancora più separazione, delusione e vuoto, perché il tuo stesso desiderio dichiara al mondo che ti manca quell'aspetto, per questo (secondo la legge di attrazione) manifesterai proprio quel tipo di mancanza nel tuo percorso. La ricerca o il desiderio dell'amore in forma esterna (anche sessuale) attraverso altre persone, la compagnia di altri esseri viventi, oppure il possesso di oggetti materiali, spesso è un tentativo inconscio di compensare la mancanza di contatto con te stesso poiché è proprio questa a crearti quella sensazione di vuoto che senti al tuo interno; quindi in realtà ti basterebbe recuperare la relazione più importante della tua esistenza, quella con te stesso, per riempire fin da subito quel vuoto! Rientrando al tuo interno potrai riconoscere e nutrire d'amore ogni tuo aspetto rimasto nel buio, poiché sono proprio questi tuoi frammenti non accolti nell'amore a crearti la sensazione di sofferenza, distacco ed il desiderio di cercare amore all'esterno, e fino a quando non saprai riconoscerli, malgrado tutto quello che potranno darti gli altri, ti sentirai sempre mancare qualcosa. L'amore che puoi ricevere dall'esterno, non sarà mai in grado di colmare davvero la mancanza interiore che hai verso te stesso, potrebbe aiutarti per un periodo a "tamponare il buco", oppure darti quella spinta e speranza necessaria ad allinearti con il tuo cuore, ma non sarà mai sufficiente a darti la completezza che solo tu

potresti creare nel riconoscere la tua vera fonte d'amore...
INNAMORANDOTI PRIMA D'OGNI ALTRA COSA O
PERSONA...DI TE!

MANCANZA DI COMRPENSIONE

Lo stato d'incomprensione si genera quando la tua mente
non riesce a concepire o processare alcuni aspetti della vita
per mancanza di importanti informazioni, o quando non
sei ancora disposto ad aprirti (per paura) ad integrare nuovi
aspetti dell'esistenza nel tuo cammino; ma nel momento in
cui ti chiudi ed opponi resistenza al cambiamento, potresti
non riuscire a ricevere le informazioni necessarie per
aggiornarti e dare quindi un'interpretazione più completa
alle situazioni che devi affrontare nel mondo.
Nel tuo cammino evolutivo la mancanza di comprensione
è un passaggio necessario e normale, per non bloccarti
in questa fase però l'importante è che tu riesca ad
accettarti anche per la tua incoscienza, ed in seguito
chiedere al sistema una miglior comprensione, così potrai
predisporti ad accogliere tutto quello che sperimenti
come una possibilità di crescita; il blocco del processo di
comprensione avviene quando per paura di soffrire non
riesci a spingerti oltre a quello che già conosci, quando ti
rifiuti di accogliere nuove sfumature dell'esistenza perché
le pregiudichi o credi che siano scomode, inconcepibili o
non adatte alla tuo cammino, ma questo atteggiamento
potrebbe ostacolare il tuo progresso, poiché non ti
permetterà di vedere alcune importanti verità di te stesso.
Quando opponi resistenza nel comprendere qualcuno o
qualcosa che ritieni troppo diverso, inadeguato o strano
da te, rifiuti anche una parte del tuo essere, e così facendo
ti allontani sempre di più dall'integrazione delle tue verità
fondamentali, facendole scomparire dentro al buio del
subconscio, dove rimarranno avvolte nell'oscurità fino a
quando non sarai pronto a riconoscerle.
Questa mancanza di comprensione è anche responsabile
delle tue reazioni più negative quando sperimenti le
situazioni di difficoltà quotidiana, perché qualsiasi tipo di

atteggiamento riesci ad avere, dipenderà sempre dal tuo grado di consapevolezza, e potrebbe diventare positivo solo se la tua mente riesce ad aggiornarsi per interpretare il significato della situazione in modo più integro; dunque se una tua reazione del passato è stata disfunzionale, perché basata su un'interpretazione incompleta di quel tipo di esperienza, il tuo sistema la registrerà comunque e la utilizzerà come la miglior opzione che hai per affrontare quel tipo di problema o situazione nella tua vita.

Ma quando ne prendi coscienza la puoi modificare, in effetti se vuoi aggiornare i tuoi programmi di azione e reazione, dovrai integrare nel tuo subconscio informazioni migliori, ti basterà cambiare la tua credenza in confronto a quel tipo di situazione in modo più cosciente; potrai dare un preciso ordine al tuo innato dichiarando le tue nuove convinzioni e chiedendogli di modificarsi in base al tuo desiderio, ma funzionerà solo se gli mostrerai attraverso un esempio pratico il nuovo atteggiamento che vorrai utilizzare come il migliore da seguire nelle prossime situazioni simili, così che si possa registrare meglio.

MANCANZA DI VALORE

Quando non riesci ad accettare la tua vera natura, perché hai rigide aspettative su chi dovresti essere e ti giudichi severamente in forma negativa, si genera la sofferenza per mancanza di valore. Se ti neghi di accogliere con amore una parte delle tue verità (anche se la ritieni negativa), non potrai raggiungere l'integrità necessaria ad esprimere il tuo valore nel mondo, se tu per primo non riconosci l'importanza della tua semplicità in te stesso, nessuno lo farà per te (o almeno non in modo significativo) e così neppure potrai utilizzare le tue risorse per creare il tuo vero destino.

La credenza di non avere valore nasce sempre quando non riesci a riconoscere il tuo vero potere interiore amandoti per primo, quindi hai paura di non essere accettato, amato o valorizzato neppure dagli altri; ma se resti troppo focalizzato all'esterno su cosa pensano gli altri di te perché hai paura del loro giudizio, non potrai avere il tempo di vederti o esprimere appieno le tue vere capacità interiori. Quando credi di dover raggiungere un qualche tipo di perfezione costruita da un aspettativa mentale, non fai altro che sprecare il tuo tempo e la tua energia mettendoti all'ombra degli altri che ti impedirà di splendere; anche se in realtà sei il primo a giudicarti perché non accetti i limiti della tua umanità così come si presentano credendo di dover essere qualcosa di diverso da quello che sei, ed è proprio questa aspettativa verso te stesso a bloccarti dentro l'illusione del "non valore, in cui vivrai continuamente situazioni che riflettono la tua mancanza attraverso gli altri! Puoi scegliere di rompere questo tipo di contratto accogliendoti pienamente, anche per le tue incapacità, riconoscendo la tua semplicità come il dono più prezioso che potresti usare per realizzarti in questo mondo, comprendendo le tue imperfezioni e limiti umani; se scegli di amarti anche oltre il pregiudizio mentale, potrai lasciar riemergere la tua creatività e manifestare il tuo valore ogni giorno della tua vita.

MANCANZA DI FIDUCIA

La sofferenza per mancanza di fede, si genera quando sei ancora in uno stato di chiusura ed incoscienza che non ti permette di connetterti direttamente con le risorse della tua personale Fonte energetica; quando credi di essere solo dentro al tuo corpo e non riconosci il potere della tua unione con il resto della Creazione, allora neppure ti permetterai di ricevere il supporto che ti serve. In questo stato di disconnessione potresti avvertire il distacco, la lontananza o la solitudine e quindi provare la sensazione illusoria del limite, dell'impotenza, della mancanza che non ti permette avere abbastanza fiducia in te stesso o nella vita, proiettando così anche nella tua realtà tutte le situazioni che rifletteranno queste tipo di sensazioni. Quando sei bloccato in questo scompenso energetico, ti viene richiesto di lasciare andare le resistenze per aprirti alla vita compiendo un primo gesto di fede, dovrai rilasciare la paura per ripristinare un certo equilibrio interno e permetterti di cambiare frequenza in modo da manifestare in forma più positiva la tua realtà; devi capire che affinché tutto possa fluire meglio nella tua vita è necessario che tu riesca a riconoscere il potere della tua unione con il resto dell'esistenza, per questo motivo non dovresti limitare la concezione di te stesso al solo corpo fisico, poiché in verità puoi espanderti anche oltre ed operare come parte di ogni cosa, se decidi di avere più fede in te stesso, potrai gestire dal tuo interno il mondo esterno e così essere sostenuto dalla tua stessa coscienza.

La fiducia in pratica serve per metterti nello stato di equilibrio interiore necessario a convertire la tua energia negativa in positiva, e di conseguenza a trasformare un tuo limite in opportunità.. quindi più riuscirai a stabilizzarti in tale sensazione nei momenti di sofferenza, più velocemente potrai trasformarla nella sua miglior versione.

MANCANZA DI SINCERITÀ

La maggior parte delle situazioni di sofferenza emotiva si creano per mancanza di sincerità, per mancanza di chiarezza innanzitutto verso se stessi, e di conseguenza verso anche tutte le altre persone. Non essere sinceri significa negarsi di vivere nella propria autenticità per paura di perdere qualcuno o qualcosa, ma nascondersi dietro ad una maschera e rifiutarsi di mostrare la propria espressione, potrebbe solo rallentare ed ostacolare il tuo percorso di realizzazione, complicandoti anche l'esperienza nel gioco; devi capire che quando occulti, nascondi oppure distorci la realtà, anche se di poco, crei un labirinto d'illusione nel quale sarai destinato a perderti (per anni se non vite) allungando di molto il tuo cammino evolutivo.

La menzogna (quella che racconti a te stesso e agli altri) ti porta a disperdere il doppio di energia vitale, poiché il tuo sistema dovrà lavorare molto di più per continuare sia a mantenere una falsa realtà, che a gestire una doppia personalità (o tripla), dovrà sforzarsi il doppio per riuscire a mantenere un personaggio che non fa parte della tua natura, quindi puoi capire che in questo modo diventerà sempre più faticoso per te avere l'energia sufficiente per affrontare le tue giornate e restare in uno stato di salute ottimale, perché ti sforzi (inconsciamente) per non essere te stesso! Esattamente.. perché per interpretare un ruolo che non si allinea con la tua verità interiore, ti devi sforzare. Ma a volte quando menti a te stesso troppo a lungo, con il tempo ti abitui a vivere quell'aspetto innaturale come una normalità, e dimenticandoti chi sei davvero inizierai a credere che sia quella la tua verità, ingannando gli altri e te stesso! Questo atteggiamento incosciente manifesterà situazioni nelle quali sarai percepito dagli altri come una persona "estranea" e quindi potresti essere ingannato a tua volta in quanto sei stato il primo a farlo con te stesso, interpretando un ruolo che non è linea con il tuo interno; in questo modo neppure il sistema del gioco riesce a "riconoscerti" come parte della sua trama e quindi non potrà aiutarti a trovare il tuo percorso, perché hai indossato una maschera, per questo motivo a volte non riesci neppure a sentirti parte del mondo... a sentirti a "Casa". Dunque se vuoi essere riconosciuto e considerato nella tua vita, dovrai allineare i tuoi atteggiamenti esterni con le tue più profonde sensazioni interne, togliendo le maschere che stai indossando per accettarti completamente e diventare autentico nella pratica; in questo modo potrai trasformare anche la visione che hanno le persone di te, o se non risuonano con la tua verità, semplicemente si allontaneranno dal tuo cammino, in modo che tu possa essere più libero di vivere il tuo vero destino.

Con il tempo la sofferenza legata a quest'aspetto svanirà, lasciando spazio ad uno stato di autentica libertà.

MANCANZA DI ABBONDANZA

Quando senti di non poter avere accesso alla tua abbondanza in questo mondo, significa che non sei riuscito ancora ad amarti completamente per la tua semplice natura, quindi non hai ancora permesso alla tua creatività di trasformarsi nello strumento più importante, ed in grado di manifestare le opportunità di ricchezza nel tuo cammino.

Se non riesci a dare valore alle tue capacità innate, non potrai neppure riconoscerle come uno strumento fondamentale per manifestare tutto quello che ti serve a realizzarti; quindi in realtà la mancanza di abbondanza è una mancanza di consapevolezza nei tuoi confronti, perché se non ti riconosci come un Creatore, di conseguenza dovrai fare esperienza del tuo lato opposto fino a quando non ti risveglierai.

Per aprire le porte della tua abbondanza dunque, dovrai scendere nelle profondità di te stesso a recuperare i tuoi potenziali sotterrati dalla paura, dovrai essere disposto a vedere per primo la preziosità del tuo tesoro nascosto e portarlo a galla, ripulirlo e farlo risplendere alla luce del sole! È importante che tu riesca a vederti, a credere nella tua perfezione inespressa, se per amor tuo sarai disposto a spingerti oltre ogni apparenza o mancanza, potrai vedere quel che si nasconde dentro all'ombra, perché quando ti focalizzi con la coscienza verso i tuoi potenziali, permetti a quella parte di te di illuminarsi e recuperarsi per iniziare a far parte di te.

Usare le tue risorse interne è l'unico modo per concretizzare i tuoi obbiettivi in questa realtà tridimensionale, devi sapere che in questa dimensione tutto si manifesta per una legge di risonanza, questa legge organizza la vita attraverso equilibri che si innescano automaticamente con lo scambio energetico del "dare e ricevere", secondo questo principio quindi, se tu non darai nulla di valore, reale e positivo al mondo neppure il mondo potrà ricambiarti e dare quel che di più prezioso desideri per te stesso.... perché la vita è stata progettata semplicemente per restituirti quel che tu esprimi di stesso! In verità non devi neppure sforzarti, ne fare nulla di così complicato per meritarti la ricchezza, in quanto la tua stessa presenza è segno di un valore aggiunto all'esistenza, questo significa che potresti ricevere ogni benedizione anche solo restando seduto in pace, o facendo quello che ti rende più felice;

il vero problema nasce quando credi di non meritartelo, e ti blocchi nella mancanza, quando ti sforzi troppo per poterti meritare un poco di vita; ed in questo modo non potrai "risuonare" per allinearti con il tuo senso di abbondanza in modo completo, così neppure riceverai la risposta positiva che ti aspetti del mondo.

MANCANZA DI CORAGGIO

La mancanza di coraggio è un sottoprodotto della mancanza di fede, si genera quando si ha troppa paura di soffrire, bloccando se stessi in uno stato di paralisi interiore.

Quando manca il coraggio significa che sei troppo coinvolto in qualche tipo di sofferenza, e più sei sensibile, più sentirai anche il dolore in forma molto più espansa e ne avrai maggior paura, ma se continui a permettere a questa paura di prendere il sopravvento sulla tua vita, continuerai anche a vivere confinato in uno stato di paralisi interiore, rallentando il tuo cammino. Per sciogliere questo tipo di blocco dovrai arrenderti completamente al dolore ed accettare di sperimentare anche la tua sofferenza più profonda, dovrai immergerti nell'abisso della tua oscurità e spingerti verso te stesso, oltre le comodità esterne, per scoprire cosa ti vuole comunicare la tua anima, per ricevere quella comprensione che ti mancava a superare la paura.

Questo sarebbe l'unico modo per riprendere a vivere con maggior pienezza ed avere il controllo della tua vita, ti basterebbe avere maggior fiducia in quello che ti accade e comprendere che il dolore, la sofferenza e tutti gli aspetti negativi della vita sono comunque parti importanti e necessarie alla tua evoluzione in terza dimensione; dunque se cerchi di evitare la sofferenza eviterai anche la tua evoluzione, perché proprio quando fai una scelta coraggiosa anche se ti farà soffrire, potrai scoprire le verità più importanti di te stesso e restituirti il tuo potere per diventare la persona che sei destinata ad essere!

In ogni caso comunque non potrai restare fermo per sempre nella condizione della mancanza di coraggio, perché arriverà un momento nel quale ti esaurirai di combattere contro i tuoi stessi impulsi, che dovrai per forza fare una scelta se non vorrai bloccare o creare seri danni al tuo sistema; e quando arriverà quel momento, ricordati che non esistono conseguenze negative, ma avrai invece la possibilità di riconoscere qualcosa di meraviglioso, che non riuscivi a vedere prima in te stesso.

CAPITOLO 4
RECUPERA LA TUA INTEGRITÀ

4-1 LA TUA CONNESSIONE CON IL TUTTO

Chi sei TU realmente... te lo sei mai chiesto?
Se ti sei fatto questa domanda, sai anche che non è facile dare una risposta definitiva, perché in realtà non puoi definire te stesso con un solo aggettivo o descrizione, e neppure adattarti dentro ad una singola personalità o ruolo; la verità è che tu sei indefinibile perché sei un riflesso dell'intera Creazione, e come tale potresti rappresentare TUTTO... UNA PARTE DEL TUTTO.. OPPURE NIENTE!
Quindi in base a questa consapevolezza la domanda più costruttiva da fare sarebbe: CHI VOGLIO ESSERE ORA?... O QUALE ASPETTO VOGLIO RAPPRESENTARE DELL'ESISTENZA IN QUESTA MIA VITA?...
Devi sapere che puoi sperimentare qualsiasi aspetto tu riesca a concepire nella tua mente, e raggiungere qualsiasi obbiettivo ti prefissi interiormente, e qualsiasi cosa tu scelga di fare avrai sempre il sostegno dell'intera Creazione solo e quando te lo permetti; questo perché tu sei connesso a TUTTO, quindi quando provi un qualsiasi desiderio, anche se sei tu a sentirlo, non significa che sei il solo ad avvertirlo o a crearlo! Infatti tutta la Creazione partecipa con te, e ti sostiene affinché tu possa renderlo reale e manifestarlo, dunque i tuoi più profondi sogni e tutto quello che aspiri a diventare, non è qualcosa di solo tuo personale, ma è l'esigenza di espansione dell'intero UNIVERSO DENTRO DI TE!...
Si perché tu sei parte di tutto quello che vedi (e al resto che non vedi), quando avverti una sensazione di qualsiasi natura, o fai qualsiasi esperienza nel mondo, non sei da solo a sperimentarla, ma tutta l'esistenza partecipa attraverso la tua coscienza ed il tuo corpo; questo

dovrebbe farti capire che la tua realizzazione non è solo un tuo personale obbiettivo, ma è il desiderio della stessa Creazione; dunque in base a questa conoscenza non dovresti neppure preoccuparti di come riuscirci, l'unica accortezza che dovresti avere è permetterti di ricevere, ed imparare a fluire! Se tu riesci a realizzarti, tutto il resto dell'esistenza godrà con te di questa sensazione poiché ne trarrà beneficio, l'energia della tua gioia ha la capacità di creare ed espandere l'universo.

Dunque ogni impulso che ti viene creato all'interno in forma di desiderio, proviene dalla saggezza ancestrale dell'intera Creazione, e serve per facilitarti il percorso verso la tua realizzazione, per questo motivo devi comprendere che ogni tuo sogno, persino ogni tua più piccola voglia ed esigenza interiore, in realtà ha molta più importanza di quello che credi, in quanto serve a dirigerti verso il percorso giusto; i tuoi desideri sono come delle indicazioni specifiche e provengono direttamente dal tuo personale programma evolutivo interno (simile ad una mappa) nel quale è stato impostato (prima di incarnarti) il percorso migliore che dovrai seguire per la tua realizzazione. Questo dovrebbe farti capire che il tuo successo è già stato programmato, e soprattutto che le sensazioni o emozioni che provi sono reali e molto importanti per fartelo raggiungere; qualsiasi tipo di desiderio che provi anche il più superficiale o semplice, come la voglia di provare un tipo di pietanza, fare una passeggiata, indossare un vestito, conoscere qualcuno, intraprendere un viaggio, un tipo di lavoro, una passione, ecc.. è necessario al tuo progresso, così se lo sparai seguire senza paura, faciliterai di molto la tua realizzazione.

Uno degli aspetti più importanti che dovrai tenere in considerazione è che l'esistenza si amplifica ed evolve solo se resta connessa a tutte le sue parti attraverso la condivisone di informazioni, in questo caso anche tu come essere umano, per restare al "passo" con l'evoluzione, dovrai connetterti all'universo e saper seguire i segnali che ricevi al tuo interno; questo ti aiuterà anche a non sentirti "da solo" nel tuo cammino e semplificarti la vita, potrai ricevere le conoscenze del tuo infinito potenziale, e così renderti conto che niente potrebbe ostacolare il tuo progresso .... tranne tu stesso!

Nel prossimo capitolo ti spiego perché a volte sei di ostacolo alla tua stessa realizzazione.

4-2 RECUPERA IL TUO BAMBINO INTERIORE

Per riuscire a realizzarti in questa dimensione e sentirti un essere umano felice, dovrai integrare tutti i tuoi frammenti in modo da diventare un essere completo, non esiste una sensazione più appagante al mondo di questa!

Quando raggiungerai questo stato, allora capirai il vero senso della tua esistenza, perché ovunque tu sarai potrai sentirti in pace e divenire puro amore, ma puoi raggiungere questo livello solo seguendo il tuo naturale processo di crescita e recuperando i tuoi aspetti più importanti; per questo motivo se ancora non ti senti felice ed appagato, o ti blocchi sempre nelle stesse situazioni di difficoltà e non riesci a manifestare la tua realizzazione, significa che devi ancora terminare il tuo naturale processo di maturazione (integrazione) interiore.

Devi sapere che per integrare il tuo potere personale e diventare un essere umano realizzato, avrai bisogno di chiudere alcuni processi che ti trasmuteranno in "un adulto consapevole", per questo scopo dovrai prima permetterti di fare esperienza del tuo aspetto più immaturo, esprimendo e soddisfacendo ogni tuo piccolo "capriccio umano" o desiderio infantile fino a quando non ne sentirai più il desiderio; per la tua crescita è fondamentale anche che tu riesca a preservare l'integrità del tuo bambino interiore, accogliendolo per la sua autentica natura senza tentare di castrarlo, costringerlo o deformarlo in qualche modo, e per farlo maturare dovrai nutrirlo con l'amore incondizionato.

Se ancora non sei riuscito a trasmutarti nella tua miglior versione e diventare la persona che sogni di essere, significa quindi che non hai avuto la possibilità di terminare questo importante processo interiore, perché probabilmente hai limitato o bloccato la "fioritura" del tuo aspetto più infantile; forse lo hai fatto per adattarti a qualche idea limitante nella quale ti sei costretto a crescere troppo in fretta, o hai riposto troppe aspettative su te stesso, obbligandoti ad interpretare un ruolo che non ti apparteneva, ed in questi casi potrai maturare solo in parte o solo nell'apparenza fisica. Quando la tua felicità dipende solo dalle aspettative mentali, o dal voler soddisfare i desideri degli altri, allora si genera il blocco nel quale ti obblighi a restare eternamente incompleto ed insoddisfatto della vita; così apparirai nell'aspetto esteriore come una persona matura, ma all'interno nasconderai ancora un bambino sofferente e disagiato che ti saboterà l'esistenza!

Il bimbo ferito manifesterà la sua tristezza in modo che tu possa prenderne coscienza ed aiutarlo, ti farà vivere situazioni di difficoltà non perché vuole crearti dolore e basta, ma perché vuole attirare la tua attenzione sul vero "problema", vuole aiutarti a recuperare la tua felicità.

Quando cerchi di crescere o evolvere troppo in fretta, seguendo il senso del dovere, ti rendi solo più difficile il percorso, perché quando vivi attraverso le aspettative si genera una finta proiezione della verità, che non tiene in considerazione la completezza del tuo essere, ne di tutte le tue altre parti o condizioni interne; per questo motivo se cresci in questo modo, non potrai mai essere davvero pronto a prenderti la grande responsabilità di affrontare la vita!... Come fai a creare la tua vita ideale, se non hai ancora raggiunto la conoscenza per attivare i poteri che ti dovrebbero rendere un Creatore cosciente?!... Sarebbe come cercare di mangiare una pietanza quando è ancora cruda... non puoi pretendere che sia buona se non segui il processo della sua cottura, e se non abbini i giusti ingredienti nel momento corretto.

Così anche il tuo processo di maturazione interiore, se non ha il tempo ne gli ingredienti adatti, non potrà concludersi e si bloccherà in uno stato "acerbo", ed in questa incompletezza è normale che tu non sia in grado

sentirti allineato e manifestare qualcosa di positivo.
Quando non disponi della tua integrità non puoi neppure avere accesso agli strumenti necessari per affrontare la vita, e per questo potresti sentirti inadeguato anche nella più semplice situazione quotidiana, perché non hai ancora raggiunto una visione completa della realtà.. semplicemente!

Quindi invece di pretendere a tutti i costi di raggiungere qualcosa o diventare qualcuno nel mondo, forse la scelta più costruttiva da fare sarebbe quella di tornare prima a riprenderti le varie parti che ti mancano, di riconoscere il tuo bambino e goderti senza paura ne colpa la tua spensieratezza; ricordati che solo tu hai il potere di assolverti da ogni condanna, di perdonarti per ogni errore, di avvolgerti nella comprensione e nutrirti con il tuo amore... di COMPLETARTI!

Forse non hai considerato che è proprio la tua parte più infantile e spensierata a custodire il tuo dono, e che solo grazie alla tua benedizione potrà convertirsi in un vero talento, per servirti a manifestare la realizzazione che cerchi in questo mondo. Il gioco si espande secondo un'ordine ben preciso d'importanza, dando la priorità prima di ogni altra prospettiva futura o esterna, alla tuo stato energetico nel corpo, quindi prima di procedere verso qualsiasi altro obbiettivo, ti riporterà sempre a stabilizzarti all'interno di te stesso per chiudere i cicli rimasti in sospeso; se vorrai facilitargli il compito dovrai smettere di sfuggire a te stesso o opporre resistenza, e fermarti tutto il tempo necessario per risolvere i blocchi emotivi accumulati nella tua infanzia (o in vite precedenti).. perché sono quelli che appesantiscono il sistema e ti rendono la vita difficile.

Nel prossimo capitolo ti spiego come potresti trascendere il limite dello spazio-tempo, per riuscire a sanare il tuo passato ed avere maggior controllo sul gioco.

4-3 TRASCENDI IL TEMPO-SPAZIO PER LIBERARTI DAL DOLORE

A questo punto avrai capito che per migliorare il tuo presente sarà necessario chiudere le situazioni rimaste in sospeso del passato, precisamente dovrai modificare la memoria psico-emotiva correlata al tipo di dolore che stai provando nel tuo presente, e per avviare questo processo in modo più cosciente ti sarà utile imparare a trascendere il limite del tempo lineare, attraverso il potere della tua immaginazione; questo sarà lo strumento in grado di cambiare la tua vita nella sua versione astrale, ti basterà solo guidare la tua mente verso la situazione che ha creato il blocco emotivo (immaginandola), ed entrarci per cambiarla da negativa a positiva.

Come potrebbe una persona tridimensionale, riuscire a trascendere il tempo e lo spazio nella vita quotidiana? Se ti stai facendo questa domanda, significa che fino ad ora hai vissuto la tua vita basandoti solo all'esterno di te stesso, ma questo non è l'unico modo per modificare la tua realtà; in verità l'esistenza si estende anche oltre la terza dimensione, nella tua FANTASIA, e per quanto ti sembri fluida ed impalpabile, non significa che sia meno reale della vita materiale. Anche il tempo lineare quando viene visto dalla prospettiva astrale (dentro alla tua immaginazione) sarebbe più simile ad una bolla multidimensionale che ad una linea, dove inizio e fine, passato, presente e futuro coesistono in un'unica ed immensa espressione al tuo interno; questo perché il tempo, lo spazio e la materia in verità non sono così rigidi quando li si sperimenta fuori dai condizionamenti della realtà tridimensionale, l'esperienza lineare che tu fai con il corpo è solo una delle tante forme in cui potresti sperimentare l'esistenza, ed anche se il tempo lineare comunque ha una sua funzionalità utile alla nostra esperienza umana, è solo la modalità base per affrontare l'inizio della nostra esistenza biologica, questo significa che che non può essere modificato quando si raggiunge la conoscenza necessaria per poterlo fare.

Nel mondo astrale (nella nostra immaginazione) infati sia la materia che il tempo prendono forme più malleabili e fluide, per questo motivo da quel punto si possono plasmare ed adeguare con maggior facilità, proprio perché non sono soggette alle condizioni e regole tridimensionali; nella versione astrale infatti non esiste neppure differenza da un vero ricordo che hai vissuto nella tua realtà tra un probabilità che avresti potuto vivere, che vivi o che vivrai, per questo motivo una volta che hai avuto la possibilità di materializzare una determinata situazione per sperimentarla in forma biologica nel tuo presente, in seguito non scompare nel nulla, ma ritorna a far parte del tuo mondo interno, ritorna alla sua origine astrale, e si rimescola con tutto il resto. Dunque tutto quello che hai vissuto non scompare nel nulla, ma continua ad esistere dentro di te, proprio per questo motivo puoi ricordartelo, perché esiste ancora, come qualsiasi altra cosa tu possa immaginare esiste, anche se in forma differente da quella materiale, ma non per questo meno importante o determinante per la tua vita tridimensionale; in base a questa conoscenza dunque qualsiasi esperienza negativa tu abbia sperimentato nella tua vita reale, rimane registrata per sempre al tuo interno, fino a che tu non la trasformerai in una versione positiva, e qualsiasi cosa tu riesca a concepire dentro alla tua immaginazione, significa che puoi anche manifestarla all'esterno, perché se lo farai dentro di te, lo puoi fare anche anche fuori.

Per spiegare il significato del "tempo" in forma semplice, diciamo che è come se tu avessi un paraocchi (mente), che ti permette di vedere solo una frazione dell'espansione dell'intera esistenza (il presente), e nel momento in cui si sposta dalla tua visione mentale, per te assumerà la forma di un ricordo oppure di una visione; anche se in realtà è ancora presente, ti viene solo limitata la sua percezione, in modo che tu possa focalizzarti su altri aspetti e permetterti di avere l'esperienza dell'eternità in forma progressiva.

Vorrei farti un esempio paragonando il tempo ad un grande armadio con tanti cassetti nei lati, e nel centro un'apertura più grande che definiamo il presente nella quale tu sei seduto, nei cassetti laterali invece abbiamo passato, futuro ed altri tempi paralleli e possibilità; tu sei nel centro perché in quel modo puoi restare comodo ed avere possibilità di movimento, e quando avrai bisogno di intervenire su un tempo/spazio diverso da dove ti trovi, come di un ricordo, ti basterà allungare la mano (che rappresenta la tua immaginazione), ed aprire il cassetto vicino a te riferito alla situazione desiderata!

Ma tutta questa libertà di movimento potrai raggiungerla quando inizierai a concepire che puoi farlo, e potrai vedere i "cassetti", perché solo nel momento in cui allungherai le mani per aprirli allora potrai averne esperienza; e nella tua vita reale lo strumento in grado di aiutarti ad aprire quei cassetti o porte, è proprio la tua IMMAGINAZIONE!

Se riesci a fidarti del suo potere e comprenderne l'importanza, scoprirai che potrebbe portarti ovunque tu riesca ad immaginare a livello astrale, anche in altri mondi se vorrai fare questa esperienza, tutto dipenderà da quanto riuscirai permetterlo ed allenarla senza bloccarti nel pregiudizio, ricordandoti che anche quando te lo inventi, non significa che non sia reale o che non ti serva.

Di seguito propongo una tecnica semplice, ma potente per rilasciare il dolore emotivo, grazie alla quale sono riuscita a trasformare la mia vita.

4-4 RILASCIARE LE FERITE DEL PASSATO

Condivido un metodo che ho utilizzato personalmente per risolvere i miei blocchi emotivi dell'infanzia o di vite passate, in questa tecnica viene usata l'immaginazione come strumento di regressione, se applicata in tutti i suoi passaggi ti darà la possibilità di tornare nel punto necessario per guarire una versione di te stesso e liberarti da tutte le memoria della sofferenza.

PASSAGGIO 1

-PRENDITI LA RESPONSABILITÀ D'OGNI TUA EMOZIONE

Per quanto ti sembri logico ed evidente, gli altri non sono mai il vero problema del tuo dolore o di qualsiasi difficoltà tu stia affrontando, anche se sono uno strumento che utilizza la vita per farti vivere certe esperienze, non sono loro i diretti responsabili di quello che ti accade o di quello che senti di essere! Potrebbero non essere delle buone persone e comportarsi male nei tuoi confronti, ma se tu non ti fai agganciare emotivamente, potrai superarlo velocemente ed in modo molto più semplice; se impari a non focalizzare la tua attenzione fuori da te mentre stai vivendo una situazione di difficoltà (con un'altra persona o da solo) potrai mantenere uno stato energetico equilibrato e nessuno avrà il potere di cambiare il tuo umore, ne provocarti danno in alcun modo.

Quando invece alcune persone riescono ad agganciarti interiormente o ad interferire con il tuo equilibrio interiore, significa che non hai integrato quell'aspetto di te stesso, e loro te lo stanno proiettando inconsapevolmente affinché tu possa accoglierlo, per questo motivo riescono a toccarti, proprio perché ti riflettono un'energia (anche se negativa) che risuona con il tuo interno, se non fosse così non reagiresti.

Quindi prima di dare la responsabilità solo all'altra persona della tua vita (madre, padre, fratelli, famigliari, ecc..), sarebbe il caso di iniziare a chiederti perché quella situazione o quella persona suscita in te proprio quel tipo di emozione, ed in che modo potresti risolverla per liberarti definitivamente del suo aggancio.

Nella risposta troverai la prima chiave da usare per sbloccare la situazione.

PASSAGGIO 2
-ANALISI COSCIENTE DEL DOLORE

È proprio quando sei in mezzo ad una discussione, oppure quando ti trovi in una situazione di conflitto che le tue ferite interiori hanno l'occasione di riemergere per essere accolte dalla tua coscienza e risolte; proprio per questo motivo ti conviene non prestare più molta attenzione a quello che accade fuori, tranne quando devi intervenire per esigenza o qualche tipo di urgenza (in seguito entrerai dentro di te), in tutti gli altri casi dovrai focalizzare tutta la tua energia (appena ti sarà possibile) per rientrare in contatto con te stesso e diventare così consapevole delle emozioni che si creano nel tuo petto.

Dunque l'atteggiamento più costruttivo sarebbe quello di non fomentare mai le situazioni negative all'esterno con altra sofferenza o rabbia, ma ritirarsi invece il prima possibile per focalizzarti sulla tua sofferenza ed utilizzarla come aggancio per fare una regressione verso la sua vera origine.

Sarà importante accoglierla al tuo interno, in modo da stabilizzarla per agganciarti e risalire alla credenza psicologica che l'ha originata; questo passaggio ti aiuterà ad individuare il tipo di credenza psico-emotiva che continua a crearti quella difficoltà.

PASSAGGIO 3
-RILASCIARE IL BLOCCO EMOTIVO

Quando avrai preso coscienza del tipo di emozione negativa che riemerge dentro di te, potrai chiedere alla tua mente di agganciarsi a quell'emozione ed utilizzarla come bussola per guidarti verso il ricordo correlato; potrebbe essere accaduto in questa tua stessa vita durante l'infanzia, oppure riceverai la visione di un'altra vita precedente, e da quel punto avrai il potere di trasformare il programma responsabile di quella tua difficoltà.

Dunque ti ritaglierai un momento di solitudine e con gli occhi chiusi chiederai alla tua mente di agganciarsi a quella sensazione di dolore che provi, per mostrarti la situazione che l'ha originata (dandogli il permesso di andare anche in vite passate), potrai fare questo preciso ordine: "mente agganciati a questa mia emozione e dammi la situazione che l'ha originata, ti permetto di andare oltre a questa vita". Dopo qualche secondo potrebbe apparirti una situazione, un'immagine, un contesto, persone, animali, ecc.. della tua infanzia, oppure di un'altra vita, qualsiasi cosa ti venga mostrata (anche se non ne comprendi pienamente il senso) dovrai fermarla per entrarci dentro in forma astrale, ed una volta che sarai al suo interno chiederai al sistema (la tua mente) di guidarti o mostrarti dove si trova il "te stesso" di quel momento (in caso non riuscissi ancora a vederti). Quando avrai individuato chi sei in quel contesto, allora dovrai interagirci ed avvicinarti per comunicargli le tue intenzioni, affinché possiate comprendervi meglio potrebbe essere necessario trascinarlo al tuo grado di consapevolezza, per esempio toccandogli la fronte o il petto gli dirai: "io ti trasmetto la mia conoscenza e tutta la consapevolezza che ho raggiunto fino ad ora, adesso parlami e spiegami il nostro problema"; questo gesto ti aiuterà ad avere maggior collaborazione da quella versione di te stesso.

In principio dovrai permettergli di sfogare qualsiasi emozione repressa e quindi accettare di soffrire in totale libertà, e solo dopo che avrai liberato tutto il tuo dolore e che avrai dato supporto e conforto a quel "te stesso", allora in seguito potrai dedicarti a risolvere il problema con le persone coinvolte; la prima cosa da fare nei confronti dell'altro è togliergli la responsabilità della tua felicità e liberarti dai ruoli costretti della "vittima e carnefice" per riportare l'equilibrio tra i vari personaggi.

Ricordati che sei dentro alla tua immaginazione, quindi al tuo mondo, in questa prospettiva tu sei il Creatore, e come tale hai il potere di far accadere qualsiasi cosa possa riportare equilibrio e renderti felice, ma gli ingredienti fondamentali che hai a disposizione per farlo però, sono sempre gli stesi tre: la compassione, il perdono e l'amore!

Guarirai la versione ferita di te stesso e degli altri, solo se userai l'energia dell'amore incondizionato, ti libererai solo se saprai perdonare, e scioglierai il vincolo del karma solo se riuscirai a provare profonda compassione per tutti i presenti.

Ti faccio un esempio pratico, se si tratta di una mancanza da parte della figura materna (il femminile), in questo caso, quando sarai dentro al ricordo da modificare, prima sfogherai tutte le tue emozioni negative represse trasmettendo direttamente al suo petto il tuo dolore (puoi toccarla sul cuore) e quando avrai finito libererai tua madre dall'aspettativa di perfezione che avevi nei suoi confronti, poiché se non era riuscita a darti qualcosa significa che lo doveva ancora imparare attraverso il tuo esempio, e quindi non sapeva farlo; ora che tu sei maturato ti prenderai la responsabilità di questo ruolo sia per te che per tua madre, trasmettendo l'energia materna che desideri verso il tuo bambino (anche se sei uomo comunque hai energia femminile) dargli l'affetto, il supporto e la comprensione di cui aveva bisogno in quel momento per sentirsi meglio.

In seguito ti rivolgerai verso tua madre per renderla consapevole del suo atteggiamento "errore o mancanza", senza giudicarla, semplicemente sarai sincero e gli dirai come hai vissuto quel rapporto, affinché possa svegliarsi e diventarne consapevole; sarebbe più funzionale trasmettergli in modo telepatico le tue sensazioni, toccando il suo petto gli passerai il tuo dolore emotivo o qualsiasi emozione tu stia provando (anche a parole), quando avrà ricevuto la tua visione, dovrai anche tu comprenderla chiedendogli di trasmetterti lo scompenso emotivo che l'ha spinta a comportarsi in quel modo, così potrai conoscerla oltre l'apparenza del ruolo, e sapere cosa si nascondeva dietro al suo comportamento.

Quando avrai ricevuto tutte le informazioni e raggiunto

la consapevolezza che ti serve per perdonarla, allora potrai usare queste parole per liberarla: "comprendo il tuo errore umano, ho compassione di te, grazie per avere fatto parte di questo cammino, ma ora ti perdono e ti libero per sempre da questo Karma! Ti amo."

Prima di finire farai l'integrazione, proiettandogli energia di amore incondizionato (immaginando una luce splendente che dal tuo petto si proietta verso il suo) in modo che possa sentirsi più sollevata ed integra, e così attraverso un abbraccio, potrai trasformala in luce per entrare a far parte di te; e così terminerai anche con il te stesso bambino di quella situazione.

Il processo appena descritto vale per tutte le persone con cui hai un conto in sospeso, come il padre, sorelle, fratelli, amici, parenti, amanti, o chiunque ti abbia procurato una ferita.

In caso tu abbia un problema con te stesso invece, dovrai comunque riuscire a perdonarti per accettare il tuo errore umano, e comprendere che semplicemente non hai saputo fare di meglio in quella situazione, liberandoti dalle aspettative della perfezione.

Ricorda che senza una reale comprensione non ci potrebbe essere il perdono, e senza quello non potrai liberarti dal dolore, proprio per questo motivo se hai difficoltà a capire il motivo del comportamento dell'altro, sarebbe meglio prima avere il tempo di sfogare tutto il dolore attraverso il confronto (anche reale in caso di bisogno) così potrai sentirti libero di esprimere tutte le emozioni che hai represso fino a quel momento (la rabbia, la tristezza, il dolore, ecc..), abbassando la tensione interiore per riuscire ad entrare in comunione con l'altro, in modo da comprendere meglio il motivo del suo atteggiamento o errore.

CAPITOLO 5
SPINGERSI OLTRE LE DIFFICOLTÀ

5-1 LE SOLUZIONI MIGLIORI SI TROVANO NELLO STATO DI PRESENZA

Se vuoi trovare le migliori soluzioni ai tuoi problemi esistenziali o semplificare la tua vita quotidiana in generale, dovrai imparare a focalizzarti il più possibile dentro al tuo plesso solare (petto), in modo da riuscire a restare sempre connesso alle tue sensazioni e ricevere in tempo reale tutte le direttive che ti servono ad oltrepassare le difficoltà ed i limiti mentali.

Per riuscire ad amplificare la tua coscienza è indispensabile che tu riesca a spingerti oltre il controllo mentale, in modo da poterti liberare dal suo limite ed allargare la visione che hai di te stesso e della tua vita (cioè come ti aspetti di apparire o di essere); se riesci a restare sempre fluido e disponibile a seguire i cambiamenti che ti vengono richiesti dal tuo cuore, non dovrai fare troppo sforzo ne resterai mai bloccato, ma avrai invece l'occasione di aggiornarti spesso e raggiungere una consapevolezza sempre più ampia.

Per questo motivo è importante che tu riesca anche a sentirti libero di seguire con maggior spensieratezza gli eventi che si presentano, senza tentare di controllare niente e nessuno; ma questo non significa che non potrai avere il potere sulla tua realtà, anzi, in verità più smetti di voler controllare le cose dall'esterno, più riesci a focalizzarti nel presente, e quindi avrai il potere di plasmare il tuo percorso dall'interno senza alcun sforzo, solo ascoltando le indicazioni delle tue sensazioni, potrai sapere tutto.

Questa semplice accortezza è il segreto per superare al meglio ogni difficoltà della tua vita, in qualsiasi momento di crisi o tensione ti basterà restare connesso a te stesso nello stato di PRESENZA interiore per superarlo al meglio, perché da quel punto di coscienza ti convertirai nel TESTIMONE della tua vita, e potrai dunque gestire al meglio qualsiasi situazione filtrando l'essenziale, e distaccandoti da tutto ciò che non ti serve.

Restare sempre presente ti permette soprattutto di stabilizzare la tua energia nel corpo, ed acquisire quindi la lucidità che ti serve per avere una maggior comprensione delle tue verità interiori in confronto alla situazione, questo stato non solo ti permetterà d'interagire con il mondo attraverso il potere del tuo centro vitale, ma ti infonderà anche la forza necessaria per convertire in luce qualsiasi aspetto ombra.

Di seguito ti suggerisco in base alla mia esperienza, l'esempio di una possibile reazione consapevole in 4 passaggi, per restare sempre presente e superare qualsiasi situazione di difficoltà in forma costruttiva.

LE QUATTRO FASI DEL
PROCESSO COSTRUTTIVO DI DOLORE

1-ESPRIMI LA TUA SOFFERENZA

Quando vivi una situazione di sofferenza, il primo passo importante da fare è quello di non scappare mai dal tuo dolore, per quanto negativo o forte ti possa sembrare dovrai riuscire ad esprimerlo senza avere paura, perché solo in questo modo potrai liberarti dal suo aggancio e scaricarne l'energia negativa, così da non provocare più danni al tuo sistema. È importante che ti permetti di essere sincero prima con te stesso e poi con gli altri, non devi avere paura di accogliere la rabbia, l'odio, l'impotenza, la colpa o qualsiasi altro sentimento del genere, perché anche se non ti piace comunque ti serve per fare un salto in avanti, per questo dovrai ammettere a te stesso di provare qualsiasi tipo di emozione soprattutto se negativa; una volta che hai preso coscienza di quello che sento, allora in seguito potrai esprimerla anche all'esterno, e non ha importanza se gli altri non ti comprenderanno o non ti sapranno accettare, l'importante che tu riesca a svuotare il "carico interno" per liberare il tuo sistema e stare meglio!

Quando non ti esprimi e trattieni il dolore per molto tempo (anche inconsciamente), si blocca il flusso d'energia all'interno del tuo sistema accumulando tensione, così alla prima occasione in cui non ti potrai controllare, si libererà in modo negativo! Quindi prima di arrivare a questo livello disfunzionale, sarebbe opportuno sfogare o comunicare sempre in forma cosciente tutto ciò che provi nello stesso momento in cui lo senti emergere dentro di te; se non puoi farlo con il diretto interessato, perlomeno dovrai ammetterlo a te stesso poiché anche così sarebbe già un buon passo verso il risanamento, ed eviterai di amplificare o creare ulteriori situazioni di sofferenza simili.

2- ACCETTA CONSAPEVOLEMENTE IL DOLORE

Nel momento che ti sei permesso di esternare il tuo dolore, la rabbia, la tristezza, ecc.. la reazione successiva che ti servirebbe per superarlo, è la completa accettazione.

Per riuscire ad accogliere il tuo dolore, dovrai prima prenderti la tua parte di responsabilità e capire che sei tu ad averlo creato, in questo modo smetterai di continuare a focalizzarti all'esterno (dandola colpa agli altri) ed abbasserai il muro di tensione per ricevere maggior chiarezza; solo così potrai vedere meglio la vera origine di quella tua sofferenza e ridimensionarla, anche se non ti riesce facile accettare di soffrire per colpa di una persona o situazione, dovrai comunque capire che accettarla totalmente come parte di te stesso, è l'unico modo per trascenderla! Dunque più saprai riconoscere le tue emozioni (non importa quanto siano negative o chi le ha provocate, potrebbe essere stato un "pinco pallino" qualsiasi) e più riuscirai a trasmutarle in uno strumento di potere al tuo interno; qualsiasi situazione di difficoltà porta sempre al suo interno una guarigione, perciò dovrai solo aprirti per accoglierla superando il suo primo aspetto superficiale.

3-ENTRA NELLO STATO DELLA FIDUCIA

Quando riesci ad accettare una situazione o persona così come si presenta nella tua vita, lo devi fare con la totale fiducia che questa ti serve per migliorare qualche aspetto di te stesso, poiché è proprio l'energia della fede che ti permetterà sbloccare e trasformare quella versione negativa, in una positiva.

Se fluisci nella situazione senza opporre troppa resistenza mentale, ti condurrà sempre verso la comprensione del messaggio intrinseco che si nasconde dentro ogni tipo di sofferenza, perché nel momento in cui saprai spingerti per ricevere oltre al dolore, vederai anche quali verità e doni si celavano nelle profondità del tuo subconscio.

Accettare quindi serve a raggiungere la fede necessaria per alzare l'energia vitale del tuo sistema, lo stato di pace in grado di elevarti da qualsiasi pesantezza della vita e mostrati una visione più integra di quella stessa realtà; quando hai fiducia nel tuo progetto esistenziale, puoi anche essere certo di poter superare qualsiasi difficoltà sempre e comunque, non importa quanto possa sembrare complicata e difficile, o cosa pensi di aver perso, se saprai mantenerti centrato sarai sempre portato verso "l'uscita del tunnel" facendo un passo alla volta.. e la vita non farà altro che presentarti proprio attraverso quelle persone o situazioni, il prossimo passo che dovrai fare.

4-COMPRENDI PER INTEGRARE

Seguendo questo tuo processo con maggior fiducia, comprenderai la tua mancanza di fondo, e potrai vedere lo scompenso emotivo che ha generato quella situazione nel tuo cammino, avrai così l'occasione di accogliere la rivelazione che si nascondeva dietro alla superficiale illusione di una "situazione/relazione difficile".

È importante quindi che tu riesca ad individuare la credenza disfunzionale che ha creato in te quel dolore, così da poterla aggiornare in base alla tua nuova coscienza; devi sapere che l'integrazione avviene solo quando riesci a guardare i tuoi limiti umani senza odiarli, quando riesci ad amarti ed abbracciarti anche in uno stato di profondo disagio. La vita ti spinge ad affrontare alcune situazioni o persone, perché vuole che tu riesca ad amarti più di quanto ami loro, ti aiuta a riconoscerti come il primo ed unico amore della tua vita, perché solo quando avrai compreso questo punto fondamentale, allora sarai pronto ad integrare il tuo potenziale diventare un essere umano libero.

5-2 DISATTIVA GLI STATI DI PRE-OCCUPAZIONE

Per semplificare il tuo percorso nel gioco, ti sarà necessario eliminare gradualmente l'abitudine disfunzionale di preoccuparti e di pregiudicare, perché la tendenza a proiettare una possibilità negativa, futura o tutte e due, potrebbe limitare l'evoluzione della tua esperienza nel gioco; perché nel momento in cui ti crei un'aspettativa di come potrebbe evolvere una possibilità, riesci a farlo solo sulla base della tua conoscenza mentale, il ché a volte potrebbe essere limitata, poiché non sai... ciò che non sai di sapere!

Per questo motivo l'abitudine di pregiudicare o preoccuparti troppo non fa altro che avvelenare il tuo sistema, quando sei in quello stato di tensione il tuo corpo produce sostanze tossiche per l'intero organismo, per questo motivo devi imparare pensare di meno e lasciare che le cose accadano semplicemente. Se ti rendi conto di non sapere qualcosa o non comprendere qualche situazione, sarebbe più costruttivo che tu non pensassi proprio a niente per non creare ulteriori resistenze, invece potresti chiedere la possibilità di ricevere maggior comprensione, in modo da amplificare la visione che hai di quell'esperienza.

La tua mente non può aiutarti sempre per ogni cosa, perché lei serve più che altro a convertire l'energia della coscienza in un pensiero logico, per registrare dati nella memoria, per eseguire i comandi coscienti, e per aiutarti in generale a concretizzare la tua volontà nella realtà materiale attraverso il corpo, ma non ha la capacità di vedere oltre l'apparenza, di conoscere le tue probabilità future o di organizzare tutte le situazioni adatte al tuo obbiettivo, e quindi neppure può sapere la miglior possibilità tra le infinite varianti che hai a disposizione per manifestare quella realtà... semplicemente non è stata progettata per farlo!

Devi ricordarti che tu sei in questo mondo per imparare molte cose, e se non riesci subito ad interpretare o superare al meglio una situazione o persona, non significa che presto non avrai la possibilità di poterlo fare; certo che se utilizzerai solo la visione mentale per interpretare tutto, ti limiterai ad avere sempre le stesse visioni superficiali (come un copia ed incolla) solo organizzate in modo diverso, ed in questo modo non ti permetti di fare nuove esperienza, così continuerai a vivere nell'energia del passato.

La preoccupazione è la forma meno efficace di attrarre un futuro migliore del presente, mentre il pregiudizio è il modo più difficile per conoscere davvero chi sei o le verità di chi hai di fronte, per questo motivo il non giudicare ti permetterebbe di vedere oltre l'apparenza, ed il non preoccuparti potrà farti ricevere il supporto necessario a migliorare qualsiasi situazione.

5-3 SINCRONIZZATI
AL TUO TEMPO INTERNO

Il modo in cui stai vivendo la tua vita ora è solo la conseguenza delle tue scelte, poiché la forma in cui riesci a sperimentare la tua realtà dipende sempre da quale variante tra le tante a tua disposizione, decidi di manifestare nel tuo percorso di gioco; come per esempio quando scegli di credere che non hai mai tempo sufficiente per fare tutto quello che desideri e nella forma in cui più ti piace, oppure quando per paura ti metti fretta nel fare qualsiasi cosa.. questo atteggiamento è una tua scelta (cosciente o incosciente) che manifesterà una variante esistenziale basata sulla credenza della MANCANZA DI TEMPO! Probabilmente sei convinto (inconsciamente) che la velocità possa essere più produttiva (sempre o in alcuni casi), o che sforzarti per velocizzare le tempistiche delle "faccende/lavoro quotidiano" sia una giusta forma di operare per ottenere buoni risultati nella propria vita, ma in verità è una credenza disfunzionale che non si allinea con la tua vera natura da Creatore, perché più crederai di non avere abbastanza tempo cercando di velocizzarti nel fare le cose, più creerai situazioni in cui devi sforzarti sempre di più, rallentando la tua evoluzione!

Quando ti costringi a fare o ad essere, ti allontani dalla tua vera natura interiore, dal tuo centro, per questo motivo dovrai ricordarti che non vale mai la pena sforzarsi, anche quando credi sia per il tuo bene, perché qualsiasi persona o esperienza ti richieda di essere più veloce, più efficiente, più produttivo o più qualsiasi altra cosa, in realtà sta cercando di rallentarti e deformare la tua natura; questo significa anche che quella persona o situazione non deve far parte della tua vita, perché non ti appartiene.

Dovrai imparare a fare la scelta di rispettarti in ogni occasione, il gioco ti propone le stesse situazione in forma sempre più intensa, perché vuole indurti a comprendere lo squilibrio che hai generato e permetterti di fare scelte migliori nei tuoi confronti; la realtà si predisporrà per crearti l'esperienza sempre più intensa di quello in cui credi, quindi se pensi che devi avere fretta o che non ti basta il tempo, dovrai affrontare altre situazioni simili che ti obbligheranno nella vita quotidiana ad avere sempre più fretta!

Per spezzare questo cerchio disfunzionale dovrai portare gradualmente il mondo esterno ad adattarsi alle tue tempistiche interne, e non il contrario; all'inizio ti servirà un poco di coraggio per rallentare o fermarti in caso di bisogno, solo così potrai spezzare le catene delle aspettative mentali che hai su te stesso o sugli altri, e viceversa.

Quando ti accorgi che ti stai mettendo fretta significa che non stai seguendo il tuo naturale tempo e che non ti stai rispettando, quindi neppure gli altri lo faranno, allora dovrai fermarti per allineare il tuo comportamento con il tuo interno, e muoverti solo seguendo il tuo personale ritmo interno.

Ricordati che essere in ritardo in qualsiasi situazione non ha più importanza, se comprendi che sei tu a dettare le regole del tempo, se vuoi cambiarlo, ti basterà non avere più paura delle conseguenze e rallentare, senza pensarci troppo, fai una prova e vedrai con i tuoi stessi occhi la differenza! È proprio così che funziona, rilassati e permettiti di essere in ritardo, non ha importanza cosa accadrà dopo, anche se in principio potrebbe sembrare destabilizzante, in seguito il gioco si riorganizzerà sempre meglio per seguire questa tua scelta; non hai bisogno di obbligarti o sforzarti continuamente per seguire altre persone nella società, nel lavoro, nnella famiglia o chiunque altro.. per quanto pensi siano importanti, in verità sono solo illusioni, non esiste nessuno e niente di più importante di te! Non preoccuparti, qualsiasi cosa veramente necessaria alla tua crescita, troverà sempre UN'ALTRO MODO PER RAGGIUNGERTI.

Non perderai mai nulla di realmente destinato a te se ti rilassi e segui il tuo personale ritmo... anzi, in questo modo avrai la possibilità di smascherare le falsità che ti circondano, ed eliminare tutte quelle situazioni, cose e persone che non sono, e mai sono state, veramente necessarie alla tua evoluzione!

5.4 AMPLIFICA IL TUO ORIZZONTE

L'evoluzione della tua esistenza fluisce in molte direzioni, ed è sempre in continua espansione, il tipo di realtà che stai vivendo ora è solo una delle infinite possibilità che hai a disposizione per fare esperienza della tua stessa creazione, questo significa che potresti in qualsiasi momento accedere ad altre differenti probabili realtà.... se solo comprendessi come poterlo fare e ti permettessi di concepirne l'idea!
Il problema (o blocco) nasce quando credi di avere accesso solo ad un tipo di realtà in base alla tua conoscenza mentale, ma in questo modo ti limiti a vivere in forma meccanica e tendi a sperimentare sempre quello stesso

aspetto dell'esistenza, trasformando la tua vita in una noiosa abitudine quotidiana, fatta di giorni che si ripetono sempre uguali.

Ti aspetti che la tua mente ti faccia vivere sempre al meglio, ma non comprendi che lei non riuscirà mai a concepire più di quanto tu non gli permetta, e quindi non ti darà una diversa possibilità perché non ha la capacità di creare una nuova realtà da sperimentare, se non sei tu a desiderarlo emotivamente e dare quest'ordine al gioco, spingendoti oltre la tua zona di sicurezza.

Se vuoi manifestare una nuova realtà o qualsiasi cambio nella tua vita, devi permetterti di desideralo intensamente in modo da irradiare le vibrazioni che sono in grado di creare quel tipo di esperienza, e solo dopo la tua mente ti potrà accompagnare a sperimentarla; è necessario che tu sia anche disposto a spostarti oltre i confini che conosci verso la tua fantasia, semplicemente pensando di meno e lasciandoti fluire verso tutto quello che riuscirai ad immaginare, ti potrai convertire in un visionario.

A volte basterebbe sapersi ascoltare meglio per cambiare quel poco che serve ad aprire nel proprio cammino nuovi portali, ma a volte per raggiungere quella libertà di movimento ed allinearsi con se stessi serve fare un cambio più forte, in modo da sradicare certi aspetti disfunzionali dal profondo del subconscio e riuscire a manifestare un miglioramento, come per esempio cambiare casa, paese di residenza, compagno, lavoro, studi ecc.. In ogni caso, più saprai seguire il vento del tuo destino, più energia di rinnovamento si muoverà verso di te, dandoti la possibilità di amplificare ogni tuo aspetto; ma solo tu potrai decidere di farlo, scegliendo di non restare bloccato nella non azione o nell'ignoranza, di spingerti oltre la paura per ricevere la conoscenza necessaria a trasformare la tua realtà.

Man mano che ti spingerai verso l'orizzonte, tutto attorno a te si espanderà per includere altre probabilità, che renderanno il tuo gioco.. molto più ricco ed avvincente!

5-5 RIPROGRAMMA LA TUA REAZIONE

Ogni tua reazione automatica si attiva grazie ad un programma di memoria che fa parte del tuo sistema, il tuo subconscio registra la miglior reazione che hai avuto in confronto alle situazioni della vita (anche vite passate) per utilizzarle in seguito come esempio da seguire in tutte le situazioni simili, creando così diversi programmi di azione-reazione automatici, per quando dovrai in futuro affrontare quel tipo di esperienze; questo sistema dovrebbe servirti a facilitare la pratica della vita quotidiana aiutandoti a riconoscere immediatamente le situazioni che si presentano nel tuo cammino. Ma quando non ne sei ancora consapevole potrebbe convertirsi in un problema, ed invece di aiutarti ti blocca a ripetere esperienze disfunzionali, questo perché la prima reazione che riesci ad avere in confronto ad una situazione quando sei ancora inconsapevole, non è sempre positiva, quindi potrebbe avere effetti negativi sulla tua vita, ma se non intervieni in modo cosciente per cambiarla, viene comunque registrata dal tuo sistema come la miglior interpretazione per quel tipo di esperienza, che si attiverà automaticamente, fino a quando non verrà ricalcolata e rimpiazzata da una migliore.

Per questo motivo quando hai una memoria negativa che ti fa reagire in modo disfunzionale, significa che devi intervenire per cambiarla ricalcolando la credenza limitata sulla quale hai basato quella reazione; quando ti senti a disagio e rispondi in modo negativo a qualche tipo di esperienza esterna, significa che non riesci a comprendere qualche aspetto di quella realtà, perché la mente ha i suoi limiti, ed i programmi disfunzionali di dolore si creano proprio quando ti chiudi nella mente, e non cerchi altre spiegazioni o informazioni migliori di quelle che si mostrano in superficie.

Dunque avrai compreso che se vorrai cambiare una tua reazione disfunzionale, dovrai scaricare l'emozione che l'ha generata in modo da sganciarti dal suo effetto negativo, in pratica dovrai individuare la credenza dietro alla paura che ti spinge a reagire in quel modo (attraverso una riflessione interiore), in modo da modificarla dall'interno di te stesso in forma consapevole, e sostituirla con una nuova e più funzionale. Per riuscirci dovrai osservarti meglio così da poter individuare il problema, quando senti paura, o ti senti bloccato da qualche tipo di limite che non ti permette avere o fare qualcosa nella vita, significa che dietro a quell'aspetto hai una memoria da aggiornare, per questo dovrai tornare (attraverso la regressione) nel momento in cui si è originata e risolverla; semplicemente chiedendo alla tua mente di agganciarsi a quella reazione / emozione e darti la situazione originale che l'ha creata (dandogli il permesso di andare oltre questa vita), una volta che avrai la visione, dovrai entrare a livello astrale per trasformarla, come ho già spiegato nel capitolo precedente.

5-6 IL SENSO DELLA SOLITUDINE

Se vuoi scoprire chi sei davvero, avere esperienza della parte più potente della tua natura, e risvegliare i tuoi potenziali, dovrai prima raggiungere un profondo stato di connessione con la tua Fonte interna, ma non puoi riuscirci se sei sempre proiettato verso l'esterno, per questo motivo se non rientri dentro in forma cosciente, ad un certo punto la vita cercherà di "obbligarti" per il tuo bene, a passare per un periodo di "solitudine"; questo provvedimento serve a farti rientrare dentro te stesso in modo che tu possa riprendere il controllo del tuo sistema, ed accedere al tuo potere senza essere intralciato più dalle interferenze esterne. A volte "l'isolamento forzato" è l'unico modo per farti riprendere il contatto con le tue verità più profonde, con te stesso! Perché nella solitudine sarai portato a conoscerti meglio, ad avere più chiaro quali sono i tuoi veri desideri, così da poterli esprimere nel mondo; per questo motivo se saprai viverti con accettazione la tua solitudine, potrai raggiungere prima la chiarezza ed il potere che ti servono a migliorare il tuo gioco personale.

Devi sapere comunque che la tua solitudine fisica è sempre una decisione ben premeditata dalla tua anima, quando hai la sensazione di "essere da solo", significa che sei chiamato a dirigere la tua completa attenzione verso la parte più sottile ed emotiva del tuo essere, per comprendere alcune importanti verità che ti stanno sfuggendo; così più saprai accogliere questo passaggio con amore e totale comprensione, prima potrai ricevere le informazioni e le comprensioni che ti serviranno.

Se invece avrai paura e cercherai di sfuggire a te stesso, riempiendo il vuoto che senti con cose e persone esterne, sarai obbligato dalla vita stessa a ripetere ciclicamente il periodo di solitudine, per molto tempo, fino a quando non ne avrai compreso il vero significato.

Un'altra verità che devi ricordare è che non potresti mai essere da solo, questa sensazione si crea da una limitata percezione della realtà quando non riesci ancora a vedere oltre la terza dimensione, il periodo di solitudine serve anche per farti uscire da questo limite mentale e scoprire la verità che si nasconde dietro la superficiale percezione che hai della realtà, ti offre la possibilità di osservare la tua esistenza attraverso una prospettiva molto più profonda, permettendoti di risvegliare le tue capacità sensitive ed amplificare la sensazione che hai di te stesso, anche oltre al corpo fisico.

CAPITOLO 6
REALIZZAZIONE PERSONALE

6-1 IL SIGNIFICATO DELLA REALIZZAZIONE

Ti sentirai totalmente realizzato solo nel momento in cui saprai allinearti con la vera espressione della tua anima, perché sarà questa profonda connessione con te stesso a dare un vero senso alla tua esistenza!

Ma non basta solo conoscere il proprio desiderio interiore per realizzarsi nel mondo, è necessario anche riuscire ad esprimerlo nella realtà attraverso la pratica quotidiana, questo significa che dovrai essere disposto a liberarti da tutti i limiti e condizionamenti che ti impediscono di credere nelle tue capacità, o praticarle nel mondo.

Quando oserai spingerti oltre a quella maschera che hai indossato per adeguarti a qualche tipo di aspettativa per essere accettato, amato e riconosciuto, allora potrai manifestare la tua realizzazione; il vero blocco si crea quando ti costringi (a volte fin da piccolo) a conformarti in rigidi schemi e regole imposte dagli altri (famiglia, scuola, società, lavoro ecc..), così crescendo ti abitui a vivere dentro ad un'illusione distorta dell'esistenza, e finisci per accettare una realtà disfunzionale come se fosse la normalità. In questo modo senza rendertene conto diventi prigioniero della tua stessa paura, perché quando non riesci a spingerti per vedere oltre a ciò che ti hanno insegnato gli altri, resti incompleto e quindi debole, questo ti rende anche una persona più gestibile, poiché la tua mente in questo stato non riesce ad essere lucida e può essere facilmente controllata dagli altri, convertendosi nello strumento che alcuni sfrutteranno per realizzare i loro sogni e soddisfare le loro esigenze.

Se stai lavorando per qualcuno, se ti stai sforzando per compiacere, per soddisfare, per sopravvivere grazie ad un'altra persona, vuol dire che ti stai lasciando gestire, e quindi che stai tradendo te stesso perché sprechi la tua energia vitale ed il tuo tempo per avverare e costruire i desideri degli altri, questo atteggiamento ha conseguenze importanti sulla manifestazione della tua realtà.

Dunque se vuoi davvero riprenderti il controllo sulla tua vita e diventare un giocatore cosciente, il primo passo da fare sarebbe non avere più paura di non riuscire a sopravvivere o di non riuscire a fare qualsiasi altra cosa, accettando anche di "fallire", di "sbagliare", di "morire" mentre provi a liberarti, si perché accettare "il peggio" che la nostra paura ci proietta se dovessimo provarci, a volte è l'unico modo per andare oltre a quello stesso limite.. ed avere la possibilità di riuscirci!

In questo caso per superare il tuo limite e svegliarti da quest'ipnosi, sarebbe opportuno riconoscere la tua paura ed ammetterla a te stesso, in seguito potrai cercare la credenza o convinzione che l'ha generata, in modo da liberarla per non venire più agganciato a tutte le persone che consumano la tua energia vitale; dovrai imparare ad usare la tua energia solo per i tuoi reali scopi esistenziali seguendo il tuo ritmo interiore, perché vale la pena vivere anche solo un anno per te stesso, che cento anni per qualcun altro!

Questo è il momento per te di liberarti da tutti gli obblighi e doveri quotidiani nei quali ti hanno incastrato per mantenerti occupato, per distrarti da te stesso, per stancarti e non lasciarti ne il tempo ne l'opportunità di riprendere il controllo sulla tua esistenza; devi sapere che se ti fermi e ti riposi abbastanza tempo, potrai recuperare il tuo potere originale, ed alcune persone per le quali lavori o che ti stanno vicino, non vogliono che tu lo faccia perché diventeresti ingestibile, e loro non potrebbero più approfittarsi di te!

Per questo motivo non ti devi più lasciar condizionare da quello che gli altri si aspettano da te, ma concentrarti solo per liberarti dalle oppressioni e dal controllo psicologico che alcune figure esercitano sulla tua vita (anche in modo inconsapevole), tornando dentro il tuo centro e ritagliandoti più tempo per te stesso.

Questo è tutto quello che ti serve per arrivare alla tua realizzazione, riposare, amarti, avere più fiducia nel tuo sentire, nei tuoi desideri, nelle tue passioni e nella tua creatività, perché saranno proprio queste a renderti felice e quindi a stabilizzarti nello stato energetico che garantirà sempre la tua sopravvivenza, ovunque sarai!

Quando ti fermi e ti distacchi dall'apparenza, puoi recuperare la tua energia e quindi anche i tuoi poteri, potrai osservare la realtà in modo diverso e riuscire a vedere alcuni aspetti importanti che prima ti sfuggivano per colpa della fretta o della stanchezza, perché quando sei stanco o stressato (a volte non ne sei consapevole) il tuo sistema rallenta e blocca quasi la maggior parte delle sue percezioni extrasensoriali, in modo da riuscire a garantirti l'energia sufficiente per continuare i processi base e sopravvivere, quindi puoi comprendere bene che in questo stato non avrai ne la lucidità ne la luminosità che ti serve per inventarti idee brillanti o sapere come trasformare in meglio qualsiasi aspetto della tua realtà.

E fino a quando non deciderai di recuperarti, potresti restare in questo stato "dormiente" per molto tempo, avvolto come da una sottile velo di nebbia che non ti permette distinguere ciò che veramente è importante per te, da quello che invece non ti appartiene.

Quando ti accorgerai che vuoi risvegliarti da questo stato, dovrai comunque riuscirlo ad accettare prima di poterti liberare, se sei immerso nella confusione potrai andare per esclusione, semplicemente chiarendo a te stesso cosa non ti rende davvero felice e non vuoi più includere nel tuo percorso di vita, troverai il coraggio di iniziare a lasciarlo andare, facendo una pulizia per alleggeriti e lasciare spazio a nuove e migliori opportunità.

6-2 IL SIGNIFICATO
DEL SUCCESSO PERSONALE

Cosa realmente significa per te avere successo, ed in che modo ti vedi poterlo raggiungere?..

Ogni uno di noi ha un suo modo di interpretare il successo, ogni persona si sente realizzata attraverso una sua forma totalmente personale, e per questo motivo quando decidi di volerti realizzare, dovrai accertarti che sia il tuo vero sogno, e non un'aspettativa o il sogno di un'altra persona! Per sapere se il tuo desiderio è proprio frutto della tua anima, dovrai fermarti per analizzare la sua origine, in modo da comprendere se e quanto veramente ti appartiene; prima di tutto ti dovrai liberare da qualsiasi credenza/aspettativa che non ti appartenga (frutto della coscienza collettiva e famigliare), per riconoscere il tuo autentico desiderio e capire cosa realmente ti renderebbe felice, potrai iniziare escludendo tutto quello che gli altri si aspettano da te o tu da te stesso, in modo da trovare alla fine ciò che faresti in modo totalmente disinteressato, solo per goderti la tua esistenza.. ecco quello è ciò che ti renderà veramente realizzato! Perché solo quando qualcosa ti rende felice allora potrà diventare la tua personale formula del successo!

Quando riesci a fare quello che ti piace davvero e lasci andare tutte le aspettative che hai su chi dovresti essere, puoi allinearti con la tua vera espressione, e nel momento in cui ti accogli per come sei senza opporre resistenza, allora potrai attivare la collaborazione dei tuoi tre corpi e raggiungere qualsiasi obbiettivo desideri. Semplicemente vibrando nella frequenza della gioia attirerai in forma naturale l'energia per sostenerti a concretizzare il tuo progetto in modo da trasformarlo in realtà; quando invece non sei totalmente convinto di quello che vuoi o ti sforzi in qualche modo per praticarlo, si crea un conflitto interiore che bloccherà il flusso energetico e rallenterà la tua manifestazione, perché in questo stato non avviene l'allineamento interno necessario a mantenere una collaborazione duratura nel tempo.

Proprio per questo motivo è anche importante che tu comprenda la necessità di fare chiarezza, e mettere d'accordo i tuoi tre corpi, prima di procedere all'esterno.

6-3 LA SINCRONIZZAZIONE DEI TUOI 3 CORPI

LA FORMULA DEL SUCCESSO
CORPO+MENTE+SPIRITO= SUCCESSO

Per manifestare un vero e duraturo successo personale nella tua vita dunque, dovrai prima allineare i tuoi tre corpi (mentale, fisico, spirituale) verso un unico scopo: quello di realizzare i tuoi sogni, in questo modo abbasserai la possibilità di essere bloccato dal conflitto interiore.

Per prendere maggior controllo sulla tua vita, è necessario richiamare al centro di te stesso tutta la tua energia, in modo da non disperderla per continuare a sostenere illusioni, ma dirigerla verso un unico intento reale; ed attraverso la collaborazione consapevole dei tuoi tre aspetti potrai generare l'energia necessaria a superare tutti i passaggi del processo di manifestazione, così da portare a compimento i tuoi obbiettivi.

Ma per raggiungere quest'armonia interiore, dovrai fidarti di te stesso e seguire solo la saggezza del tuo Spirito, ascoltando meglio il tuo desiderio più profondo (quello che ti fa vibrare) potrai trovare la verità su chi sei veramente e cosa vuoi fare in questo mondo; ricordati che solo quando ti accetti totalmente e dichiari con sicurezza di voler avverare il tuo desiderio, allora la mente ed il corpo non avranno più nulla da obbiettare, ma si metteranno al tuo servizio, perché sono state progettate per questo, per sostenerti! Quindi in seguito utilizzerai la mente per convertire il tuo desiderio dalla sua forma astrale ad un progetto logico, ed in seguito pianificare una sua possibile concretizzazione materiale attraverso il tuo corpo.

L'unione dei tuoi tre corpi ti converte in una trinità diventando la chiave del tuo successo, poiché il gioco è progettato sulla base della condivisione di questi tre aspetti, e se saprai arrivare a questa collaborazione, diverrai l'alchimista della vita, poiché qualsiasi manifestazione si riverserà nel tuo cammino in modo semplice e naturale.

Il desiderio della tua anima si mostra inizialmente sotto forma di una sensazione (di voler progettare qualcosa, cercare qualcuno, cambiare luogo, lavoro, persone, oppure di voler viaggiare o fare attività creative, ecc..), e così come si presenta dovrebbe essere accolto per essere realizzarlo nella realtà, anche se non sai come iniziare, lascia che la vita ti mostri un poco alla volta come poterlo fare.

Qualsiasi altro comportamento di negazione o di rifiuto potrebbe solo deviare il tuo percorso e crearti realtà di sofferenza, perché quando utilizzi i tuoi corpi in forma separata, per uno scopo che beneficia solo ad uno di loro (scopi egoistici del corpo o della mente), si crea una scissione che porta al conflitto interiore e disperde inutilmente molta della tua energia vitale. Quando si genera un desiderio da un'esigenza creata per mancanza, per esempio dal desiderio di essere belli per piacere fisicamente, dal voler apparire intelligenti per essere apprezzati moralmente, o dal voler usare la propria spiritualità per sentirsi superiori, si crea un'illusione destinata a sfumare nel tempo, poiché creata da una visione incompleta che non tiene conto dell'integrità del tuo Essere; con il tempo se darai sempre più importanza ad un solo corpo escludendo o mortificando gli altri, non potrai stabilizzarti dentro al tuo centro, e quindi neppure prendere controllo sulla realtà tridimensionale.

6.4 LO SCOPO ORIGINALE DEI TUOI TRE CORPI

Affinché tu possa comprendere in dettaglio a cosa serve ogni uno dei tuoi tre corpi e perché sia necessaria la loro unione nel gioco della manifestazione materiale, di seguito ti descrivo la loro utilità, ed in che modo puoi migliorare la connessione tra di loro.

CORPO SPIRITUALE

Il corpo spirituale rappresenta la tua super-coscienza, il nucleo di te stesso collegato direttamente alla Fonte della Creazione che ti permette di ricevere l'energia necessaria per continuare a giocare in questa dimensione; se vuoi proseguire al meglio il tuo percorso esistenziale dunque, sarà fondamentale accoglierlo dentro di te in forma più consapevole e permettergli di esprimersi nel migliore dei modi.

Il tuo corpo spirituale è per sua natura multidimensionale, questo significa che riesce a trascendere tutti i limiti della terza dimensione, la sua caratteristica fluida gli permette di restare sempre connesso con tutto il resto della Creazione, per questo motivo è quindi la parte più adatta a guidarti verso la direzione migliore quando si tratta di avanzare nel tuo percorso esistenziale; dunque quando riesci a restare in connessione con il tuo spirito, puoi attraverso di lui attingere alla saggezza dell'intera esistenza, e ricevere così tutte le indicazioni che ti servono nel percorso per materializzare ogni tuo obbiettivo, per questo dovrai imparare a prestare maggior attenzione alle tue sensazioni, accogliendo ogni tuo desiderio come qualcosa di realmente importante.

Di seguito elenco alcune riflessioni che potrebbero facilitarti l'allineamento con il tuo corpo spirituale.

1-USA LA BUSSOLA DELL'INTUITO

Sei per tua natura dotato di una bussola interiore chiamata intuizione, questa parte se affinata e lasciata libera di esprimersi, si converte in uno strumento molto potente in grado di farti trascendere le barriere limitanti della realtà tridimensionale. Ma il potere della tua bussola si manifesta e diventa concreto solo quando inizi ad utilizzarla nella pratica di tutti i giorni, in questo modo si riattiva la connessione con quella parte di te stesso, e tu potrai servirtene per trovare il percorso migliore quando devi affrontare tutte le situazioni di difficoltà, o per qualsiasi altra situazione.

Quando passi per momenti di confusione, nei quali ti poni tante domande, la mente non riesce sempre a trovare una risposta, questo perché non ha la capacità di fluire oltre la terza dimensione, mentre invece la tua intuizione proviene dal corpo spirituale, ed è quindi in grado di superare tutte le barriere mentali per darti le risposte che cerchi, e condurti sempre nel posto giusto, al momento giusto!

Quindi se vuoi aumentare il potere di questo tuo strumento, dovrai praticarlo e prestargli maggior attenzione, dargli il giusto valore quando sarà il momento di trovare una risoluzione ai tuoi problemi esistenziali.

2-LASCIATI LIBERO DA OGNI COSTRIZIONE

Segui sempre solo la tua sensazione interiore, non costringerti mai a sottostare alle regole dettate dalle aspettative di altre persone, fai attenzione a quando senti di fare uno sforzo nel compiere qualsiasi tipo di azione, perché significherebbe che stai creando uno squilibrio energetico; se saprai ascoltarti meglio quando farai uno sforzo, ti accorgerai anche che probabilmente una parte di te non vuole compiere quell'azione, e questo è sufficiente per farti capire che non dovresti farla!

Non obbligarti più a fare o essere più di quanto tu non possa e voglia davvero, solo per paura di non essere compreso, accettato o amato, perché ogni volta che ti costringi in qualsiasi attività anche la più piccola, si genera una falsa realtà creata dallo sforzo e destinata a manifestarti sempre più sofferenza nel tempo; proprio per questo motivo ti viene chiesto di osservarti meglio, ed iniziare a liberarti da tutti gli atteggiamenti di obbligo o dovere quotidiano nel quale ti sei incastrato. Non ha importanza quello che pensi possa accadere come conseguenza alla tua liberazione, non puoi avere una chiara visione se sei immerso in uno stato di costrizione, poiché la visione che proietti da quel punto è creata solo dalla paura; ma puoi avere fede che liberandoti farai crollare l'illusione per lasciare spazio alla verità, e se saprai continuare a mantenere la tua libertà, qualsiasi situazione anche dall'apparenza negativa, si convertirà sempre nel tempo in positiva, perlomeno per te.

3-CREDI IN TE STESSO E NELLA VITA
Lo stato interiore di totale fiducia è l'unico in grado di condurti sempre verso il cambiamento positivo, perché quando lasci spazio alle preoccupazioni di invadere la maggior parte dei tuoi pensieri, gli permetti anche di abbassare la tua frequenza vibratoria, in questo tipo di vibrazione non puoi sentirti ne bene, quindi neppure sarai in grado di attrarre a te niente di positivo!
Quando ti trovi in una situazione di blocco o difficoltà, l'unico modo per modificarla sarebbe riuscire ad abbassarne la carica negativa, e per farlo dovrai scaricare la tensione che ti crea cercando di riporre maggiore fiducia in te stesso e nella vita; sentirti supportato dalla creazione è il modo più veloce ed efficace di portare equilibrio nel tuo campo aurico e quindi modificare ciò che attrai, se riesci a fare questa conversione energetica ogni volta che provi una tensione, diventerà sempre più semplice per te manifestare la risoluzione di qualsiasi situazione.

4-COLLEGATI AL TUO INNATO
L'innato è il pannello di controllo del tuo sistema interno, la sua funzione è quella di regolare tutti i programmi necessari alla tua sopravvivenza e mantenimento, se vuoi prendere il controllo sul tuo corpo quindi dovrai anche imparare ad interagire con questa tua parte, dandogli precisi ordini ed istruzioni in modo più cosciente, oppure mostrandogli attraverso l'esempio di un'azione quello che vorresti modificare nel sistema.
Il suo scopo più importante è riuscire a semplificarti la vita, automatizzando tutti quei processi ripetitivi in modo che tu possa essere libero di dedicarti ad altro, ti permette di integrare continuamente nuove informazioni per aggiornare il tuo sistema operativo e velocizzare così la tua evoluzione; in questo modo puoi anche concentrarti su nuovi orizzonti ed espanderti sempre di più.

Quando diventi cosciente della sua esistenza e di come funziona, puoi intervenire per migliorarlo, rivolgendoti direttamente per apportare tutte le modifiche che reputi necessarie nel sistema, dovrai solo imparare a dargli comandi ben precisi e fare dichiarazioni chiare, in modo da riuscire imprimere la tua energia ed innescare i cambiamenti che desideri; potrai migliorare, automatizzare qualsiasi programma interno, aggiornare le funzioni di base e portare il tuo sistema ad una miglior visione.. solo con la tua volontà!

ESEMPIO DI DICHIARAZIONE: " parlo a te Innato, ti chiedo di modificare il modo in cui il cibo viene assorbito nel mio il corpo, da ora in poi, ogni volta che mangerò un alimento (puoi scegliere uno in particolare), farai in modo che vengano assorbite tutte le sostanze nutrienti solo nella quantità necessaria per mantenere il mio corpo in ottima forma, ed in buona salute, tutto il resto che non serve o che danneggia il mio corpo, dovrà essere scaricato, così sia!"

Dopo aver fatto questa dichiarazione, dovresti sentire come risposta una sensazione nel tuo corpo (come una vibrazione, calore, risuono, espansione, ecc..), ma se non senti nessuna risposta dopo aver dato l'ordine, significa che dovrai prendere più sicurezza in modo da emanare la frequenza adatta, in questo caso potrebbe essere necessario ripeterle più volte (in più giorni) fino a quando non sentirai una risposta, quella sarà il segno che il tuo sistema ha ricevuto il tuo "messaggio".

Se avverti invece una risposta come sensazione negativa, significa che qualche problema interno potrebbe ostacolare il tuo comando, quindi per risolverlo chiederai alla tua mente di mostratelo, associando quella sensazione negativa ad un eventuale immagine, visione o situazione reale da sbloccare per riuscire nel tuo intento, quando avrai chiaro di cosa si tratta allora seguirai il processo di purificazione illustrato nei capitoli precedenti.

CORPO MENTALE

La tua mente è in pratica lo strumento che utilizza il tuo Spirito per realizzare lo scopo della tua esistenza nel mondo, è progettata per servire come convertitore d'energia e trasformare le frequenze vibratorie, che tu percepisci come sensazioni ed emozioni, in messaggi, visioni ed immagini con un senso logico, in modo che tu possa comprenderle ed utilizzarle per muoverti nel mondo tridimensionale.

Il corpo mentale dunque è stato progettato per mantenere in collegamento il tuo Essere spirituale alla sua forma biologica (come un collante), tra le molte sue funzioni vitali, quella più importante quindi si potrebbe dire che è la decodificazione dei messaggi energetici, proprio perché sarebbe in grado di trasformare un impulso elettrico in un pensiero logico e lineare, che in seguito può essere trasformato con l'aiuto del corpo fisico in un'azione concreta, per servire a completare il processo di manifestazione. Di seguito elenco alcune riflessioni importanti per facilitarti l'allineamento con il tuo corpo mentale.

1-EDUCA LA MENTE A COLLABORARE

Educare la mente significa riconoscergli il suo originale scopo, alleggerirla dalle responsabilità che gli hai dato nel gestire tutta la tua esistenza, e mantenerla focalizzata nel presente.. l'unico tempo dove dovrebbe stare, e dove potrebbe realmente servirti!

La mente ha dovuto per troppo tempo coprire un ruolo che non le apparteneva, è stata obbligata a provvedere a tutti i tuoi bisogni, a prendersi la responsabilità di creare per te un miglior futuro e risolvere tutti i tuoi problemi esistenziali; per questo motivo è degenerata, perché è stata sovraccaricata nel tempo, fino ad essere portata all'esaurimento. Per questo motiva ora se vorrai ripristinare il tuo equilibrio mentale, dovrai alleggerirla dai doveri e ridimensionare tutte le aspettative che gli hai addossato, facendo più attenzione a non disperderla vagando continuamente con i pensieri nel labirinto del tempo (passato-futuro) senza uno scopo preciso di risoluzione, l'unico punto dove potrebbe la tua mente avere potere è nel momento presente, solo da questa prospettiva potrà aiutarti a gestire la vita.

Restare radicato nel tempo presente ti permette di prendere maggior controllo della realtà, perché fuori da questo tempo la tua mente non può avere una base di appoggio per fare nulla di pratico; devi comprendere che la mente non può sapere che cosa sia meglio per te nel futuro, ne ha il potere di avverare i tuoi desideri quindi non stressarla troppo, non è stata concepita per questo, sarebbe come cercare di usare una bicicletta per galleggiare sul mare o per volare!

Quindi togli il peso alla tua mente e rimettila al suo posto, rieducala con amore in modo che possa servirti nella forma per cui è stata progettata: nella pratica del momento presente.

2-USA IL POTERE DELLA MENTE

Quando ti rendi conto che hai pensieri negativi, utilizza la tua mente per trasportarli nella loro versione positiva.

Attraverso la tua immaginazione puoi convertire una situazione negativa nella sua versione più positiva, trasformando un pensiero di chiusura in una possibilità di crescita e di successo con la fantasia; quando hai un pensiero che non ti piace, entraci dentro mentalmente e cambialo, trasforma ogni suo aspetto disfunzionale con una una soluzione positiva, e quando avrai stabilizzato nella mente la visione che più ti soddisfa di quella situazione, allora permettiti di provare sensazioni di gioia in confronto e consegnale direttamente al centro del tuo petto, senza pensarci ulteriormente, mettiti da parte con la fiducia che questa energia si riverserà nella tua vita, migliorando gli aspetti negativi.

In questo modo hai usato la tua mente per trasformare la tua realtà astrale e permettergli di riversarsi anche nella forma materiale.

3-NON ESSERE MAI SICURO DI SAPERE

Pensare di sapere bene qualcosa potrebbe ostacolare la tua crescita personale, a volte la sicurezza mentale delimita un confine e quindi crea una chiusura, in tale stato non potrai ricevere nuove o differenti rivelazioni in grado di migliorare ed amplificare la tua coscienza.

Essere certo di sapere tutto, o sicuro di conoscere bene qualcosa, significa anche dare un limite all'espansione della tua conoscenza; per quanto tu possa aver compreso alcuni aspetti durante il tuo cammino di vita, stai pure certo che esistono molte altre sfaccettature nascoste alla tua mente anche di uno stesso aspetto, perché ciò che tu pensi di sapere, a volte rappresenta solo un frammento parte di un grande quadro, che non hai ancora visto.

Quindi per facilitarti il progresso, dovrai restare sempre aperto mentalmente per ricalcolare ogni tua credenza e ricevere nuovi aggiornamenti; resta disponibile ad integrare sempre diverse informazioni così da riuscire a trasmutarti quando sarà il momento.

4-LIBERA LA MENTE DALLE ASPETTATIVE

Quando la mente viene sovraccaricata da troppe aspettative si crea l'ansia da "prestazione", causando tutte quelle tensioni che alzano la percentuale del tuo stress, ed influenzando negativamente sullo stato generale del tuo sistema. Quindi la cosa più funzionale da fare è fermarti a rivedere tutte quelle credenze ed aspettative che hai dato alla tua mente, dovrai ridurle al minimo in modo da non accumulare più energia di tensione; potrai riuscirci se non pretendi più di trovare sempre una soluzione immediata ai tuoi problemi esistenziali, se non ti obblighi a voler comprendere sempre tutto, e se non cerchi sempre di dare un senso o una logica lineare alle cose; devi capire che non è funzionale per te mettere sotto pressione la tua mente, ma invece ti aiuterà creare momenti di riposo nell'arco della giornata con attività creative, in modo da ridimensionare ogni aspettativa legata al giudizio in generale su te stesso, persone, e situazioni.

Con questi piccoli accorgimenti faciliterai alla mente il suo compito, e non dovrai più sentirti a disagio quando ti accorgi che non riesci a fare qualcosa, semplicemente puoi accettarti anche in questo modo.

CORPO BIOLOGICO

Il corpo biologico è lo strumento che ti serve a completare l'ultima parte del processo di manifestazione materiale, la sua funzione è quella di concretizzare i tuoi desideri attraverso l'azione e reazione cosciente nella realtà tridimensionale; per il suo più profondo bene dovrebbe restare sempre allineato con la parte spirituale in modo da ricevere l'energia necessaria che gli serve per continuare la sua espressione nel mondo.

Il corpo fisico è progettato per servire a concretizzare le verità dell'anima, quindi se tradisce e si distacca da questa originale priorità, s'interrompe anche il flusso energetico che lo nutre e rischia di perdere dunque la sua vitalità.

Di seguito elenco alcuni accorgimenti importanti per facilitarti l'allineamento con il tuo corpo biologico.

1-ACCETTA IL TUO AVATAR BIOLOGICO

Per raggiungere una miglior versione del tuo attuale corpo ed ottenere il massimo delle sue prestazioni, devi prima accettare la sua versione attuale nel presente, anche se per te appare negativa dovrai saperla amare per come si presenta; è necessario che tu accolga i tuoi limiti e le tue disfunzioni fisiche riconoscendole come parte di te se vuoi trascenderla, ma allo stesso tempo non dovrai identificarti solo con con quegli aspetti, poiché tu sei un sistema soggetto a continui processi di trasformazione, e quindi hai il potere di cambiare come preferisci se ti permetti di farlo. Questo significa che in qualsiasi condizione si trova il tuo corpo biologico ora, non è altro che una delle tue tante possibilità di manifestazione, quando saprai vedere oltre a quella versione nella quale ti sei identificato fino a quel momento. Ma ricordati che solo accettando la condizione di partenza della tua forma, potrai entrare nello stato necessario per aggiornare i suoi aspetti più negativi, poiché il miglioramento di qualsiasi disfunzione fisica, può avvenire solo dopo una completa accettazione e profonda compassione verso quella parte, questo atteggiamento serve a creare la giusta frequenza in grado di trasmutare le cellule nella loro miglior versione.

2-USA IL TUO CORPO CONSAPEVOLMENTE

Il tuo corpo biologico in pratica è lo strumento che ti serve per realizzare il tuo sogno completando il processo di manifestazione nella materia, se viene utilizzato per questo suo originale scopo riesce a restare connesso alla fonte che lo nutre, e quindi avrà anche la possibilità di essere sempre in ottima salute; inoltre se si mantiene nell'atto fedele al sua matrice energetica (nucleo spirituale) sarà sempre allineato con la sua verità, e si potrà creare il magnetismo interno adatto ad attrarre sempre le esperienze che gli servono nel mondo. Devi sapere che l'energia creatrice è attratta soprattutto dal magnetismo che genera il movimento del tuo corpo, in quanto le tue azioni sono quelle che muovono più energia e hanno il potere di plasmare la realtà pratica di cui farai esperienza nel tuo "futuro"; questo significa che il processo di manifestazione si adatta quindi al tuo comportamento, e lo fa come farebbe un sarto quando cuce un vestito perfettamente su misura per te, per questo motivo ti conviene diventare più consapevole dei tuoi atteggiamenti e scegliere con più cura sia le tue mosse che le credenze di base da cui nascono, poiché saranno queste a cucire un destino su misura per te!

3-CONNETTITI CON IL TUO CORPO FISICO

Impara ad osservare meglio le reazioni del tuo corpo se vuoi capire cosa cerca di comunicarti, se vuoi comprenderlo dovrai prestare più attenzione sia alle reazioni visibili a livello biologico, che a quelle meno visibili in forma di sensazioni. Il corpo biologico è un sistema autosufficiente e con una sua coscienza intelligente, quindi sa sempre di cosa ha bisogno per auto-guarirsi o migliorarsi, tu non dovrai fare altro che collegarti per ascoltare meglio i suoi messaggi e collaborare quando sarà necessario.

Se impari a prenderti cura del tuo corpo dando la giusta importanza alle comunicazioni che cerca di trasmetterti, potrai facilitargli molti processi invece di rallentarli, o aggravarne lo stato; dunque fai più attenzione a qualsiasi cambio o sensazione ti venga trasmessa, impara a ritagliarti del tempo per riposare ed assistere il tuo corpo, diventa disponibile ad adottare tutti i cambiamenti che ti richiede per il vostro bene.

4-FAI PRATICA CON IL CORPO FISICO

Non restare bloccato nell'immobilità per la paura di fallire o di non essere capace, perché sei in questo gioco proprio per imparare attraverso l'errore, quindi è normale che prima di avere successo sbaglierai molte volte, non avere paura ed utilizza il tuo corpo per provare tutte le esperienze necessarie al tuo sviluppo; sperimenta tutte le attività che potrebbero migliorare la tua vita e renderti felice, provando a praticare qualsiasi passione creativa che ti interessi, ti allenerai e con il tempo si auto perfezionerà da sola, tu cerca solo di permetterti i primi passi con l'intento di raggiungere i tuoi obbiettivi, mettendo in pratica i tuoi desideri senza ostacolarti, anche se non funziona subito, non significa che non lo farà.

Forse le prime volte che proverai a praticare qualcosa di nuovo, potrebbe non essere come ti aspetti, ma non devi pensare troppo, solo così darai la possibilità al tuo corpo di ricalcolarsi per migliorare la sua prestazione, e la possibilità di sbagliare in santa pace ti permette di affinare più velocemente le tue capacità. Il corpo ha bisogno di perfezionare la propria prestazione attraverso l'errore e la pratica, perché non esiste altra scorciatoia, anche quando nasci con delle qualità è perché le hai imparate attraverso molti errori nelle vite precedenti, perché diventare capaci significa prima non esserlo, quindi se vuoi ottenere un risultato di qualsiasi tipo, inizia a trovare il coraggio di muoverti e sbagliare senza paura!

Ora puoi accettarti per gli errori che hai fatto e che farai, d'altronde sei qui per questo, per muoverti verso i tuoi sogni anche sbagliando, per migliorare il tuo stato anche attraverso il dolore, almeno durante il tentativo muoverai energia e creerai maggior opportunità di avvicinarti alla realizzazione.

6-5 TRASFORMA IL TUO DONO IN TALENTO

Il tuo DONO si forma in base al tipo di nucleo energetico o caratterista della tua anima, che con l'esperienza si trasforma in una personalità individuale, quando riesci ad esprimere nel mondo attraverso il corpo questa tua personale energia, allora si converte in un TALENTO.

Dunque quello che tu senti dentro di te come un dono, è l'accumulo della tua conoscenza interiore frutto anche di tutte le esperienze che hai fatto fino ad ora nelle vite precedenti, e potrai riuscire ad utilizzarlo per realizzarti solo se il tipo di coscienza che sei riuscito a sviluppare fino ad ora, te lo permette.

Devi sapere che tutte le informazioni acquisite durante il tuo viaggio esistenziale, vengono raccolte e trasferite al trapasso del tuo corpo biologico nel registro akashico (una memoria esterna), ed in quella parte si accumulano così vita dopo vita le qualità che hai sviluppato, formando il tuo personale ed unico lignaggio animico; tutti i tuoi doni e talenti restano inattivi in forma di potenziale, fino a quando non avrai la coscienza abbastanza risvegliata per poterli attivare ed utilizzare nel mondo.

Dunque in base al tuo grado di coscienza prenderà forma anche l'evoluzione del tuo destino, il percorso del gioco cercherà sempre di aiutarti anche a risvegliare i tuoi potenziali e ti condurrà sempre verso le esperienze che ti permetteranno di maturare ed esprimere al meglio il tuo dono nella realtà, tu dovrai solo essere più disponibile a fluire ed accettarlo quando si rivelerà a te!

Anche in questo caso l'ingrediente principale è sempre la fiducia, dovrai credere in quello che senti di voler realizzare in questa vita e nelle tue capacità, perché solo in questo modo nutrirai di energia il tuo dono, e gli permetterai di convertirsi attraverso la pratica quotidiana in un vero talento, aprendo le porte dell'abbondanza.

6-6 ESPRIMI IL TUO TALENTO

Se riesci ad accogliere il tuo dono interiore, potrai anche iniziare ad utilizzarlo attraverso le tue capacità nelle situazioni di ogni giorno, e con la pratica quotidiana riuscirai a trasformarlo definitivamente in un vero talento. Ma dovrai abituarti gradualmente ad esprimere quella parte profonda di te stesso, poiché in questo livello tridimensionale qualsiasi progetto esistenziale si può evolvere solo in forma progressiva, seminando un poco alla volta ogni giorno; infatti la regola del gioco per rendere manifesto qualsiasi tuo aspetto interiore è quella di iniziare a praticarla, di esprimerla con amore e pazienza, in modo che tu possa emanare l'energia di manifestazione attraverso i tuoi tentativi, e quindi attrarre altra energia per dare sempre più corpo e volume alla tua creazione.

6-7 IMPARA AD ASPETTARTI IL MEGLIO

Per agevolare il tuo successo nella vita, dovrai imparare ad "aspettarti il meglio" in ogni situazione, ma soprattutto dovrai saper chiedere ciò di cui hai bisogno per i tuoi scopi attraverso il tuo intento, ti basterà esprimere le tue richieste internamente con fiducia ed aspettarti che vengano esaudite in qualsiasi modo sia possibile; ma devi ricordarti che per ricevere è necessario che tu sia anche disposto a chiedere supporto sia alla vita in generale che alle persone in particolare, con maggior fiducia ed apertura mentale; solo in questo modo ti permetti di agevolare l'evoluzione dei tuoi obbiettivi.

Quando a volte per colpa di un blocco emotivo hai paura a chiedere, perché magari pensi di essere un peso per gli altri, o perché non credi abbastanza nella benevolenza della vita, non fai altro che limitare le tue risorse; quindi dovrai liberarti da questo blocco, poiché tu come ogni altro ti meriti di ricevere tutto l'aiuto che ti serve da chiunque ed in qualsiasi situazione!

La verità è che tutto ciò che ti circonda è parte di te, quindi anche tutte le altre persone di conseguenza sono te stesso, così se tu credi di non essere abbastanza meritevole di ricevere ciò che desideri, essendo tu il Creatore della tua stessa realtà, effettivamente sarà proprio l'esperienza che andrai a creare nelle relazioni della tua vita quotidiana; questo non perché sia reale, ma perché tu hai dato più importanza alla paura di non essere meritevole, che alla fiducia di essere sostenuto.

In sostanza la tua stessa paura è il motivo principale per cui non riesci a ricevere il supporto che desideri dagli altri, o in generale dalla vita, perché non te lo permetti e non osi chiedere con gioia e fiducia, ma chiedi con il timore interiore di non essere abbastanza.

Saper chiedere con sicurezza è una parte fondamentale del processo di manifestazione, perché oltre al sostegno di altre persone hai la possibilità di ricevere tutto l'aiuto dall'energia creatrice in molte forme differenti, dovrai solo ricordati che quando chiedi ... stai chiedendo a te stesso, perciò dovrai rivolgerti al tuo interno per capire se te lo vuoi permettere oppure no; una volta che ti dai il permesso di ricevere, tutto accadrà da solo, e se ti viene negato da qualcuno o da una fonte, il mondo si ricalcolerà per fartelo ottenere in altro modo, semplice!

Quando invece non sai cosa ti serve esattamente, o hai dei dubbi, potrai chiedere che ti venga data la possibilità di chiarire interiormente quali sono i tuoi reali obbiettivi, in modo da trovare il percorso più in sintonia con i tuoi desideri. Di seguito riporto due esempi di richieste che puoi rivolgere al tuo interno.

TECNICA 1

-Scegli un momento tranquillo di solitudine e silenzio, quando ti senti rilassato, pensa a cosa vorresti chiedere di specifico con questa affermazione: "richiamo l'energia della Creazione per supportarmi a ricevere (pronuncia ad alta voce quello che vuoi descrivendolo) nel miglior modo possibile. Grazie.

TECNICA 2

-Quando invece non sai cosa ti potrebbe servire, o non hai chiaro come raggiungere l'obbiettivo, pronuncia questa affermazione: "chiedo all'energia della Creazione di aiutarmi a fare chiarezza dentro me stesso, di condurmi verso la miglior versione e comprensione di questo aspetto. Grazie"

6-8 ATTIVA I TUOI POTENZIALI

La tua realizzazione personale si raggiunge anche grazie al risveglio dei tuoi potenziali interiori e della tua sensitività, poiché prima di avanzare ad un livello successivo, il tuo avatar biologico dovrà riuscire ad attivare alcuni dei suoi poteri, in modo che ti possano servire per superare le difficoltà del primo livello tridimensionale ed andare oltre. Quindi dovrai inizierai ad integrare i tuoi strumenti interiori in forma più cosciente, inizialmente trasmettendo il tuo intento all'innato (sistema di controllo interno) in modo chiaro e preciso attraverso una dichiarazione, potrai concentrarti su quale potere vuoi attivare e semplicemente comunicarlo al tuo interno, come per esempio: "MI RIVOLGO AL MIO INNATO, TI CHIEDO DI ATTIVARE LA MIA VISIONE ENERGETICA, DA ORA IN POI VOGLIO VEDERE L'ESSENZA DELLA VITA OLTRE ALLO STATO MATERIALE, COSÌ VOGLIO, COSÌ SIA".

In seguito per terminare il processo di risveglio, sarà necessario iniziare a praticare questa o un'altra tua capacità anche nella tua vita quotidiana, sfruttandola in tutte le situazioni che ritieni siano adatte, così potrai abituarti a servirtene anche nella realtà.

Quando imparerai a gestire i tuoi poteri, la concezione che hai sempre avuto della vita cambierà per sempre, poiché acquisirai un maggior controllo del tuo sistema e potrai dunque anche gestire meglio la matrix nella quale sei immerso, diventando il Creatore della tua stessa esistenza. Ma prima di arrivare a questo livello, dovrai intrecciare la parte più multidimensionale del tuo essere alla parte biologica, riversandola nel tuo corpo in modo consapevole; per questo scopo potrai allenarti a diventare un canale di ricezione energetico, (un canalizzatore), ripulendoti dai pesi karmici ed allenandoti a ricevere la frequenza dell'amore ogni giorno, questo ti serve anche a risvegliare i tuoi poteri sensitivi e migliorare la tua vita quotidiana.

CAPITOLO 7

PROGETTA LA TUA REALIZZAZIONE

7-1 CREA UNA MAPPA DI REALIZZAZIONE

Il primo passo per iniziare a concretizzare il tuo obbiettivo, è chiarire a te stesso cosa desideri veramente ottenere nella vita ed in seguito creare un sua possibile progettazione, ma a volte per chiarire bene questa parte dovrai prima fare diverse prove e tentativi in modo da scartare ciò che non ti rende davvero felice ed avvicinarti sempre di più a quello che desideri; e quando sarai sicuro di quello che davvero ti fa vibrare nel mondo, potrai iniziare a manifestarlo abbozzando in principio un mappa per la sua realizzazione che si possa adattare alla pratica della tua vita quotidiana, questo atteggiamento ti aiuterà soprattutto a liberare l'energia necessaria per attivare il meccanismo di manifestazione necessario a costruire il tuo obbiettivo. L'atteggiamento disfunzionale che potrebbe sabotare la tua realizzazione invece, è quello di pensare troppo alle probabili difficoltà, come per esempio alle tempistiche lunghe, alla mancanza di denaro o di qualsiasi altro ostacolo possa venirti in mente; se vuoi darti la possibilità di avverare il tuo desiderio, non dovrai lasciare spazio alla paura di inquinare il tuo progetto, perché se lo farai allora rallenterai o annullerai definitivamente la sua manifestazione! Dunque fai questo passo solo quando ti sentirai pronto a credere veramente in quello che vuoi e nel supporto della vita, senza pensare alle complicazioni, non spetta a te provvedere a questa parte, tu dovrai solo definire dentro di te il tuo desiderio e mostrarlo alla Creazione in modo chiaro, così che possa aiutarti a raggiungerlo senza ostacoli. Per questo motivo è fondamentale che tu sia disposto a superare alcuni dei tuoi limiti mentali, perché solo restando libero dai condizionamenti riuscirai a materializzare le possibilità necessarie per avanzare nel tuo intento; ed anche se per raggiungere un obbiettivo la tempistica potrebbe sembrarti lunga e lenta, poiché necessita diversi passaggi, se resti connesso e fedele alla tua mappa senza paura, la vita ti permetterà di raggiungerlo gradualmente sorprendendoti in modi che non ti aspetti.

Quando entri in sintonia con il vero desiderio della tua Anima, tutta la Creazione si attiverà per facilitarti il percorso verso il tuo obbiettivo, anche se ci volesse molto tempo, o anche se non ottieni subito il risultato sperato, la vita si ricalcolerà nel minor tempo possibile per riproporti un modo sempre migliore; questo è il meccanismo di auto-perfezionamento del gioco, che però resto attivo solo quando continui ad agire restando in sintonia con la tua vera natura.

Sei qui per accogliere il vero desiderio del tuo cuore e trasformarlo in realtà, tutto quello che dovrai fare è crederci davvero dandogli importanza, se sarai in grado di fidarti abbastanza da consegnare al mondo il tuo più grande sogno, allora anche il mondo ti darà il suo più grande supporto!

Perché puoi fallire anche facendo quello che non ti piace, quindi tanto vale fallire provando a fare quello che davvero ti piace!

7-2 RESTA COLLEGATO ALLA TUA BASE

Progettare una mappa di realizzazione è l'inizio, ma non è sufficiente a farti raggiungere il tuo obbiettivo, per questo dovrai riuscire a restare focalizzato sul tuo originale scopo, in modo da mantenere aperta la connessione con la tua fonte interiore e ricevere così in tempo reale tutte le indicazioni che ti servono per muoverti, e le informazioni di aggiornamento quando dovrai fare delle modifiche al progetto iniziale.

Se vuoi facilitare e velocizzare la tua realizzazione, dovrai essere disposto a fidarti e seguire le direttive che ricevi dal tuo interno, per questo motivo ti viene richiesto di fluire maggiormente con l'esistenza, e dare più importanza alle tue sensazioni nelle situazioni di difficoltà, dovrai essere disposto a ricalcolarti quando la vita te lo richiederà, e saper lasciare andare tutto ciò che non ti permette di proseguire per un determinato percorso, poiché significa che non ti serve, se saprai essere elastico e versatile arriverai prima alla tua destinazione.

Quindi dopo aver creato il progetto dovrai rimanere sempre connesso alla tua base interna per ricevere eventuali direttive in forma di intuizioni, visioni, sogni, sensazioni, messaggi dall'esterno ed altro, resta disponibile a ricalcolare le tue priorità in modo che tutto possa diventare più semplice. Ricordati anche nei momenti in cui ti senti confuso o perso, di rivolgerti al tuo interno per ricevere maggior chiarezza e guida, ti basterà collegarti al tuo petto ed accettare di eseguire le direttive che riceverai in forma di sensazioni.

Per facilitarti questa procedura condivido di seguito un'affermazione che potrebbe aiutarti a collegarti.

TECNICA DI COLLEGAMENTO CON LA FONTE

Scegli un momento di silenzio e solitudine per pronunciare queste parole: "chiedo alla mia Fonte di ricevere le migliori direttive per raggiungere questo mio obbiettivo, mostrami cosa posso fare per arrivare a... (pronuncia il tuo obbiettivo)".

Quando finisci di pronunciare la dichiarazione, resta in uno stato di meditazione e ricezioni possibilmente con gli occhi chiusi, per accogliere meglio le visioni o le sensazioni che ti arriveranno come risposta; in seguito utilizzerai la mente per decifrarne il senso e capire meglio come applicarlo nella tua realtà.

7-3 USA IL POTERE DELL'IMMAGINAZIONE

L'immaginazione è uno degli strumenti più importanti che hai a disposizione per costruire la tua realizzazione, poiché ti permette di plasmare a livello embrionale (astrale) il tuo obbiettivo nella sua forma energetica, e così prepararla per essere in seguito riversata nella realtà tridimensionale.

Dunque quando avrai definito interiormente la miglior versione che puoi concepire del tuo desiderio, o di una qualsiasi obbiettivo, allora puoi utilizzare la tua fantasia per immaginarlo come se fosse già realizzato, e per velocizzarne la manifestazione potrai anche nutrirlo di emozioni positive, in modo da conferirgli la forza necessaria per riversarsi nella realtà; ti basterà immaginare liberamente la versione più positiva della realtà che desideri manifestare, senza opporre resistenza, l'ideale sarebbe farlo prima di dormire, quando sei abbastanza rilassato, così da non interferire con emozioni negative.

Un passaggio fondamentale che dovrai ricordare infatti è quello di provare delle emozioni positive dentro alla situazione che stai immaginando, dovrai viverla come se fosse reale, poiché sarà proprio quelle emozioni a smuovere l'energia per materializzare il tuo desiderio; e quando ti sentirai abbastanza coinvolto emotivamente dalla tua visione, allora potrai lasciarla continuare a vibrare dentro di te in modo che possa crescere e diventare sempre più forte. Se nel tempo saprai restare fedele alla tua visione, e non la inquinerai con emozioni negative, le sincronie della vita ti porteranno verso la sua realizzazione.

Ricordati che potrai anche immaginare di risolvere qualsiasi problema della tua vita nella tua mente, e sentire di viverlo nella sua forma positiva, l'importante è che quando finisci di immaginarlo lo lasci fluttuare nella sua versione positiva, senza pensarci più per non interferire con emozioni di paura o pensieri negativi di qualsiasi genere.

7-4 COMPRENDI IL SENSO DELLA PAZIENZA

Quando saprai viverti con amore e gioia ogni momento, allora non esisterà più l'attesa, ogni tuo passo sarà compiuto nella completezza, e saprai vedere di ogni secondo l'eterna bellezza; così non dovrai più avere pazienza e vivere sempre aspettando qualcosa di meglio, ma bensì ti godrai tutto ciò che sperimenti, in modo totalmente presente e profondo.

In questo piano esistenziale la manifestazione di qualsiasi progetto materiale, può avvenire solo grazie a processi che richiedono una loro tempistica di maturazione, dunque per rendere più fluido il tuo gioco, è fondamentale accettare la naturale tempistica di ogni processo, imparando a dare valore anche ai momenti che pensi siano meno importanti; poiché riuscire a viverti il tempo di "attesa" con maggior pienezza, potrebbe velocizzare qualsiasi risultato ed aprirti a nuove consapevolezze, mettendoti nella condizione di percepire alcuni importanti aspetti, che non potresti vedere se sei proiettato mentalmente sempre verso il futuro.

La sensazione d'impazienza si crea quando non comprendi che proprio nel periodo di attesa si nascondono le rivelazioni più importanti da integrare alla tua vita, e serve a prepararti nella miglior forma per ciò che stai aspettando; così se viene vissuto con coscienza, il tragitto si rivelerà alla fine sempre più interessante ed utile, dell'obbiettivo stesso, poiché è sempre nel percorso che si nascondono molte sorprese!

Seminare con fiducia, significa sapere con certezza che raccoglierai sempre e comunque, a prescindere da qualsiasi sia il risultato, sarà sempre il meglio per te!

Questo è il vero significato della pazienza, una sensazione che ti mette nello stato di riuscire a goderti con la piena consapevolezza ogni momento, a prescindere dall'apparenza, ogni istante porta con se la benedizione dell'intera esistenza.

CONCLUSIONE

Ho scritto questo libro per le anime pronte a risvegliarsi....
per tutte le anime antiche...per te!
Io so chi sta leggendo, sento la tua essenza, noi siamo come
tanti fili intessuti nella stessa tela esistenziale; abbiamo
deciso di focalizzarci dentro a questa matrix per giocare,
per sollevare il velo dell'incoscienza umana e diventare
l'esempio del nuovo mondo.
Eccoci.. siamo tornati qui ancora una volta, per agevolare
questo passaggio verso la nuova era multidimensionale,
dentro di te lo hai sempre saputo....d'altronde chi altro
poteva farlo?!
Abbiamo aspettato con pazienza il momento per iniziare
a cambiare questo gioco, un tempo maturo e capace di
vedere il valore di quello che che avevamo da offrire, e
bene.... questo è il tempo!
Risvegliati anima stellare dentro al tuo AVATAR UMANO!
Risveglia il tuo potere, la tua memoria, le tue risorse.. perché
questo è il tempo in cui potrai accedere alla tua infinita
conoscenza ed attivare i tuoi potenziali; nessun tempo
nella storia della terra è stato così pregno d'energia, stiamo
attraversando il portale della trasmutazione, ora tutto può
accadere... e realtà diverrà più semplice da manifestare.
Ti basterà collegarti al tuo cuore per ricordare il destino,
per mostrare al mondo la tua luce, la tua magia, la tua
follia, la tua semplicità...
TE STESSO! COSÌ SIA.

CONTATTI

KAOUJAJ NAWAL
MAIL: kaoujaj@gmail.com
FACEBOOK: Mayanam NK
WHATSAPP 0034/604262908
BLOG: www.mayanam-nk.com

Printed in Great Britain
by Amazon